生成ＡＩと脳

～この二つのコラボで人生が変わる～

池谷裕二

Yuji Ikegaya

はじめに

本書は、今話題となっている生成ＡＩを紹介する解説書ではありません。生成ＡＩ活用の即戦力を養う実用書でもありません。もちろん、文章や画像を生成するＡＩ技術の最前線が現在どのように展開されているかについては触れますが、本書の目的はそれを超えて、生成ＡＩと脳がどのように協調して未来の社会を築くべきかを考察することにあります。

生成ＡＩは、多くの人々に「使いやすいツール」として普及し、仕事や日常生活に革命的な変化をもたらしています。しかし、ＡＩは人間の機能をすべて置き換えられるわけではありません。ＡＩにはＡＩの、そして人間には人間の固有の役割があります。だからこそ、ＡＩと脳が相互を補完しながら新しい社会像を創り上げられるかが要となります。

私は２０１８年から科学技術振興機構が推進する「脳ＡＩ融合プロジェクト」の代表を務めており、ＡＩと脳の関わりを研究してきました。日々の探求の中で、ＡＩの進化とそれに伴う脳の理解がどのように相互作用し、私たちの社会にどのような影響を与えるかを、研究プロジェクトのメンバーとともに真剣に議論してきました。

本書では、こうした議論のなかで浮かび上がってきた「生成ＡＩと脳が交錯する未来像」をご紹介します。ですから、ＡＩ技術の説明に終始することなく、むしろＡＩと人間の関係性を探り、両者の協働と共創について深堀りしていきます。そのために本書は、ＡＩ技術や活用法を概観することから始まり、徐々に「脳とＡＩのコラボ」へと焦点を移すように構成されています。

第１章では、生成ＡＩの基本概念、歴史的背景、主要な生成ＡＩについて紹介します。

第２章では、生成ＡＩを効果的に利用するためのプロンプト技術や、ＡＩとの実用的な付き合い方について解説します。

第３章では、生成ＡＩが人間の心理をどこまで理解できるかを探り、カウンセリングや医療分野でのＡＩ活用の可能性と課題について考察します。

第４章では、生成ＡＩの利用に伴う倫理的問題、プライバシーの課題、責任の所在、誤情報の拡散など、10個の主要な問題点を詳細に分析します。

第5章では、生成ＡＩの登場によって変化する人間の思考プロセスや記憶の仕方について考察し、人間とＡＩの協調の可能性を探ります。

第6章では、ＡＩに意識や理解力があるかどうかという哲学的な問いから、ＡＩが人間社会にもたらす影響、そして人間とＡＩの共存のあり方について考察します。

ＡＩという強力なツールを手にした今、その可能性を最大限に引き出すために、脳とＡＩがどう協調していくべきかを真正面に考えるべき時期にあります。人間に何ができるのか、何をすべきなのか。ぜひ一緒に考えましょう。その問いに対する一つの答えを提示できれば、著者として望外の喜びです。

生成AIの理解とその影響

- ■AIの定義と歴史
  - AIの変遷
    - AIは時代によって定義が変わる。
    - 現在の生成AIは新しいコンテンツを作成する技術を持つ。
    - 機械学習の概念がAIの発展に寄与。
  - 機械学習の黎明期
    - アラン・チューリングの論文が基礎を築く。
    - フランク・ローゼンブラットのパーセプトロンが初期の機械学習を示す。
    - 当時の技術は現在のAIとは異なる。
- ■AIブームの歴史
  - 第一次AIブーム
    - 1950年代に始まる。
    - ニューラルネットワークの発展が重要な役割を果たす。
    - ダートマス会議がAI研究のスタート地点。
  - 第二次AIブーム
    - 1980年代にディープラーニング技術が登場。
    - ネオコグニトロンが注目を集める。
    - コンピュータの性能向上がAIの進化を促進。
  - 第三次AIブーム
    - ディープラーニングが主流技術となる。
    - 生成AIの実用化が進む。
    - AIに対する期待と懐疑の両面が存在。
- ■生成AIの特性
  - ディープラーニングの仕組み
    - 多層構造を持つニューラルネットワークが基盤。
    - 大量のデータを用いて学習する。
    - 特徴を教えずに認識する能力がある。
  - 生成AIの生成能力
    - 欠けたデータを補完する能力。
    - 文章や画像を生成するプロセス。
    - 人間に近い創造性を持つ。
- ■生成AIの応用
  - 言語生成と翻訳
    - 言葉を数値に変換する技術。
    - 多様なテキスト生成が可能。
    - プログラミングやデータ分析にも応用。
  - 画像生成と編集
    - 画像の修正や生成が容易。
    - 背景の調整や人物の削除が可能。
    - アートやデザインの分野での活用。

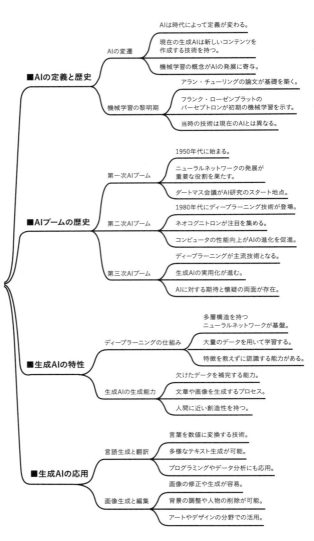

生成AI「Mapify」で可視化した本書のコンテンツ

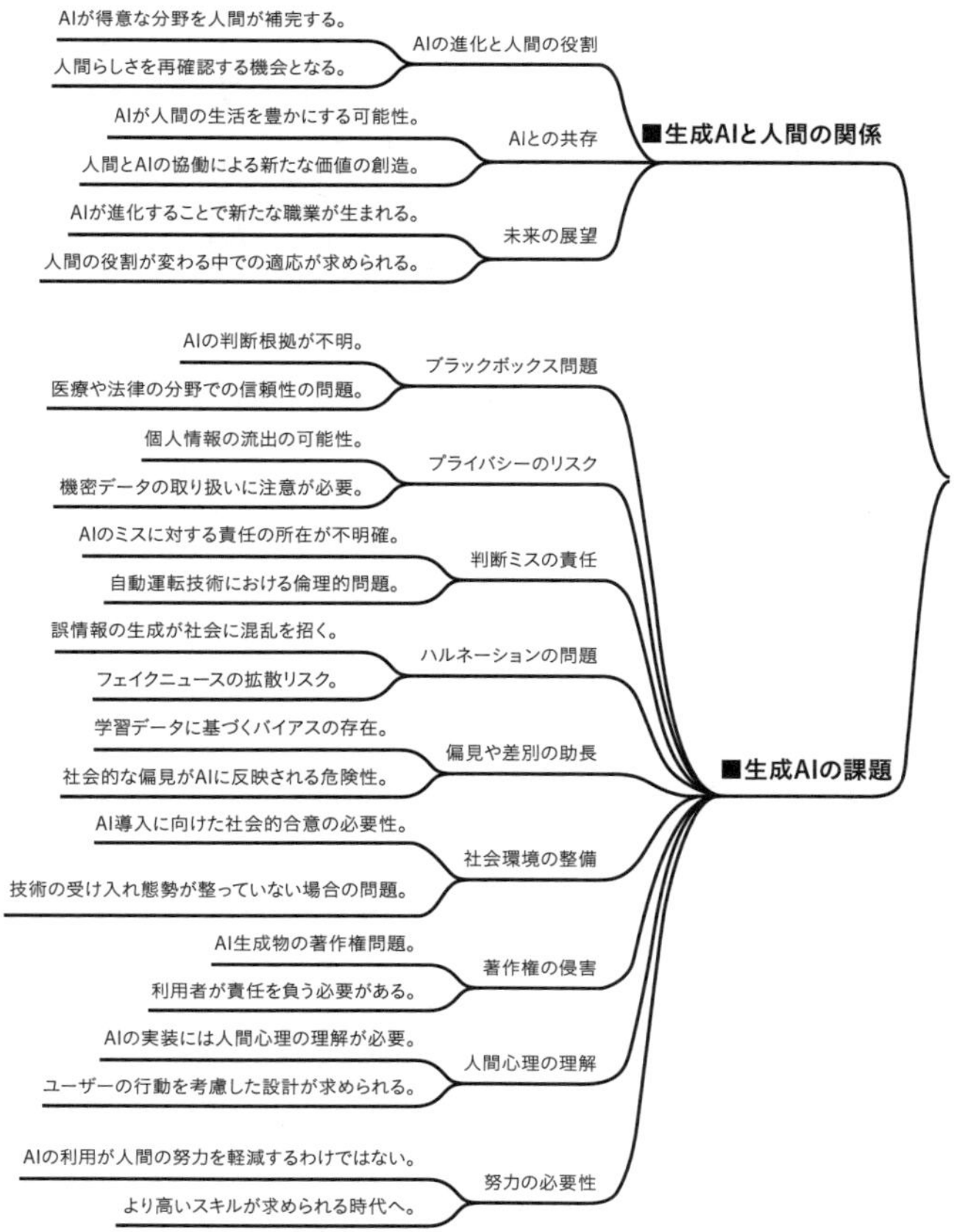

第1章 生成AIとは何か

第2章 人生を変える生成AIを使いこなすスキル

第3章「私」よりも「私」のことを知る存在

第4章 生成AIが抱える10の問題

第6章 生成AIは未来を導く「神」なのか？

目　次

第1章

生成ＡＩとは何か

「人工知能」の定義は時代によって変わる

現在、「人工知能（ＡＩ）」という言葉を、誰もが当たり前に使っています。ＡＩとは、簡単に言えば、人間の脳の動きになぞらえて動くことで、いろいろなことができるコンピュータです。現在注目を浴びている「生成ＡＩ（Generative ＡＩ）」は、ＡＩのモデルの一つで、文章や画像、音声、動画などの新しいコンテンツを作り出す技術を持っています。

……どうでしょうか。こう説明されても、いまひとつピンとこない方も多いかと思います。生成ＡＩはこれまでにないまったく新しい技術なので、どんなものなのかを簡単に説明できないのが難しいところです。

スマートフォンや携帯電話が登場したとき、概念を理解する上で、「黒電話と基本は同じ。ただコード線が繋がっていないだけ」と言われれば、最初は怪訝な顔をしていた人にも理解してもらえました。でも、生成ＡＩについては「これに似たものだ」とは言いづらく、概念を理解するのも困難です。一番近いのは、なんでもこなせる万能な秘書ですが、必ずしも人と同じ働きをするわけではありません。

そもそも、ＡＩの定義は、時代によって変わります。

たとえば、１００年前の人が、自動ドアのように、人が近づいたらセンサーが反応して扉を開く機械を見たとき、「ドアが自発的に扉を開けているんだ」と認識した場合は、これもＡＩの一種になりえるでしょう。

生物と非生物の境界が曖昧《あいまい》であるように、ＡＩとそうでないものを区別するのは、難しいものです。

そこで、まず本章では、生成ＡＩという存在を理解する上で、広義のＡＩの歴史から振り返ってみましょう。

意外と知られていないのですが、「ＡＩ」という用語は、専門分野の研究者の間ではあまり使いません。代わりに使うのが「機械学習」という言葉です。近年になって、「ＡＩ」という言葉が世の中に普及するにつれて、専門家の間でもこの言葉が用いられるようになっています。

「機械学習」とは何かというと、脳が学習して成長するように、コンピュータ自身が学習をすることです。

従来のコンピュータは、プログラミングによって人間が動作を指示していましたが、機械学習ではコンピュータ自身が、与えられたデータをもとに学習し、成長することができます。

機械学習の概念は、１９５０年に、イギリスの数学者アラン・チューリングが発表した「計算機械と知能」という論文から始まっています。[1] １９５７年には、アメリカの心理学者フランク・ローゼンブラットが「パーセプトロン」と呼ばれる、とても単純な機械学習を考案しました。[2] このあたりが、いわゆるＡＩの黎明期とされています。私が高校生のころに初めてこのパーセプトロンの存在を知ったときは、「なんて画期的だろう！」と驚きましたし、今でも研究で使うことがあります。

ただし、この時期の機械学習を、私は「ＡＩ」と呼ぶことに躊躇《ちゅうちょ》します。現在の感覚でいえば、「ちょっと便利な道具の一つ」という認識でしょうか。今となっては原始的すぎるのです。

これは未来についても同じことがいえます。現在の私たちにとっては、生成ＡＩは最先端のＡＩですが、50年後の人が現代の社会を見たら、「うわぁ、こんな古いモデルでさえＡＩと呼んでいたなんて、よほど昔は不便だったんだろうな」と気の毒に思うことでしょう。

3回起こった〝AIブーム〟

これまでにＡＩブームと呼ばれるものは、３回起こっています。

第1回目は、私自身も生まれる前の１９５０年代。その発端となったのは、１９４０年代に生まれた「ニューラルネット」と呼ばれるＡＩです。

ＡＩにもいろいろな種類があるのですが、ニューラルネットは最も古典的な形式の一つで、コンピュータの中で、複数の人工ニューロンを繋げて人工的な神経回路を構築したものです。要するに、実際の脳の中にある「神経回路」に触発されて生まれたアイデアです。

これは、当時、脳の神経細胞を模倣した「人工ニューロン」が論理演算を可能にすることが示され、この発見に触発されたマービン・ミンスキー博士が１９５１年に発表したものでした。[3] 先ほど説明したパーセプトロンは、ニューラルネットの代表選手です。脳の中でニューロンがシナプスによって回路を繋げていく様子と同じように、AIがネットワークを作るというシステムを持っています。ミンスキー博士の発表によって、その後のAI研究は大きな盛り上がりを見せます。

1956年のダートマス会議によってAI研究が本格的に始まり、その後、チェスプログラムや初期の自然言語処理システムの開発が進められました。「人間のような知能を持つAIが登場するのではないか」として期待が高まりましたが、当時のコンピュータの処理能力やメモリの限界により、残念ながらその期待に応えるようなAIは登場せず、その熱は次第に冷めていきました。これが第1次AIブームの終焉《しゅうえん》です。

第2回目のブームは、コンピュータやデータ管理技術の進展に伴い、1980年代に起こりました。当時の私は物理と算数が得意な中高生でした。プログラミングも好きで独学で学んでいました。プログラミングを続けるなかで、自分が、今第2次AIブームの真っただ中にいるのだと知ったのです。

当時のブームの中で登場したのが、実は、現在生成AIにも活用されている「ディープラーニング（深層学習）」という技術です。この技術の構想に一役買ったのが、第２次ブームの黎明期に登場した「ネオコグニトロン」というニューラルネットでした。

ネオコグニトロンは、１９７９年、ＮＨＫ放送科学基礎研究所（現在のＮＨＫ放送技術研究所）に所属されていた福島邦彦《ふくしまくにひこ》先生が考案したものです。[4]この技術が画期的だったのは、大脳皮質という脳の構造をベースにして考案されたことです。大脳皮質は６層構造を持ち、情報が層をまたいで受け渡されることで、情報を抽象化したり、理解を深めたりする働きを持っています。

福島先生は、視覚の神経回路網の研究者で、目から入ってきた情報がどのように処理されるかという構造を、コンピュータ内で再現してみせました。網膜から光が入り、大脳の視覚野に届けられます。ネオコグニトロンは、大脳皮質の６層構造を模した７層の構造を持ち、各層の役割に応じた電気信号を処理するという動きを取ります。その特殊な仕組みを模したおかげで、画像処理に長《た》けたＡＩになったため、一部の専門家たちから熱狂的に注目されました。

のちにネオコグニトロンはディープラーニングの基礎を支える存在になるわけですが、

このときは、まだ一部の好事家《こうずか》にしか支持されませんでした。

理由はいくつかありますが、まず、当時のコンピュータは性能が低く、現代のような高い計算処理能力を持っていなかった点が挙げられます。現代のコンピュータの性能から考えれば、当時の計算処理はまるで電卓レベル。大規模なディープラーニングを可能にするほどの計算能力は、まったく持っていませんでした。

もう一つは、その年代には、巨大なデータベース、いわゆるビッグデータがなかったことです。ディープラーニングを学習させるには、膨大な情報が必要です。少量のデータをインプットしただけでは十分に機能しません。現代は、インターネットが普及しているので、巨大なデータベースを構築できますが、その当時は、まだ十分なデータが集まっていませんでした。

計算力とデータの不足。これらの理由により「ネオコグニトロン」は、日の目を浴びることはありませんでした。

ポンコツシステムだった「ニューラルネットワーク」の台頭

しかし、約30年後、ディープラーニングが脚光を浴びるチャンスがやってきます。

きっかけは、２０１２年に行われたＡＩの画像の精度を競う「ＩＬＳＶＲＣ」というコンテストでした。海外の研究グループが、自分たちが作ったＡＩで画像を認識する性能を競うものでしたが、各グループの実力は拮抗する状態で、技術の差はわずかなものでした。

ところが、この年、初出場だったジェフリー・ヒントン教授のチームが、突然登場したディープラーニングを用いて、コンテストで断トツの成績を記録します[5]。あまりの精度の高さに、あっという間にその画像認識能力の高さが世の中に知れ渡りました。私自身、当時は脳研究者になっていたのですが、「ものすごく画期的な技術が登場した」と研究者の仲間内で、またたく間に話題になったのを覚えています。

ディープラーニングが衝撃的だったのは、その起源をたどると、ネオコグニトロンをはじめとするニューラルネットワークと呼ばれる古いタイプのＡＩが使われていたことです。

実はAIの第1次ブームも第2次ブームも、ニューラルネットがベースになっていたのですが、AIへの期待感が高まる一方で、計算力やデータ不足から実現可能性とのギャップが生じ、多くの人々の期待を裏切ることになります。その結果、「AIなんて何の役にも立たない」と言われ、研究への注目度が下がってしまう「AI冬の時代」が訪れました。

二度期待を裏切ったことで、「ニューロンのネットワークを模倣したニューラルネットはダメだ」とみなされ、研究者たち自身もまた、より物事を数学的に考えるシステムを汲んだ「サポートベクターマシン（SVM）」や「遺伝的アルゴリズム」や「ベイズ推論」「ランダムフォレスト」をはじめ、異なるアプローチのAIへとシフトしていきました。こうした技術は、さまざまなデータの判別能力も高く、多くの研究者が「これはすごい技術だ。ニューラルネットの時代は完全に終わった」と思ったことでしょう。

見捨てられたかに見えたニューラルネットでしたが、ごく一部の偏執的な研究者たちが、ほそぼそと熱意を持って研究を続けていきました。その様子を見たほかの研究者たちは「もはやニューラルネットは時代遅れだ。そんな旧式のポンコツ車にいつまでしがみついているんだ」と揶揄《やゆ》したはずです。それでも、一部の人たちは研究をやめなかったのです。

そして、高い計算力と大量のデータが備わった現在。ようやくニューラルネットが本領を発揮して、のちの生成ＡＩにも通じるディープラーニングの基礎を作ることになります。

多くの者が別の技術に飛びついたなかで、ニューラルネットの可能性を信じ、研究し続けてくれた一部の研究者たちがいたおかげで、現在の生成ＡＩの進歩に繋がっている。そして遂に、ニューラルネット開発の貢献者には２０２４年のノーベル物理学賞が与えられることになるのです。

このエピソードを思いだすたびに、研究者のダイバーシティの重要性を感じざるを得ません。ブームが来たからといって、全員が同じものに飛びついてしまうと、テクノロジーの可能性を奪ってしまう。

科学が進歩し、技術を実用化できる環境が整ったとき、ようやくその真価が発揮されることもある──。そのことを忘れないようにしたいものです。

生成AIはもはや「ブーム」では終わらない

ディープラーニングの驚異的な点は、他の研究者が見たこともないような型破りな方法を採用したことです。その方法は、大量のデータをコンピュータに読み込ませて学習させるという、シンプルなものでした。

具体的には、ＹｏｕＴｕｂｅ上の動画から１０００万枚の画像を取り出し、ひたすら学習し続けるというもの。24時間、５～６日間にわたってこの訓練を行った末、コンピュータはネコやトマトといった２万種類の物体を画像だけで認識できるようになったのです。解き方としては、決してエレガントではなく、言うなれば型破りで変態的です。

しかし、１９８０年代には実現できなかったこの手法が、コンピュータ性能の向上と巨大データの確保によって、ついに可能になった。時代がようやくニューラルネットに追いついたと言えるでしょう。

この新たに開発された技術はすぐに公開され、多くの研究者がディープラーニングを利用できるようになりました。その結果、ディープラーニングの改良が進み、性能は急速に向上しました。現在では、ディープラーニングがＡＩの主要技術となり、第3次ＡＩブームと呼ばれる時代を迎えています。

ただ、現在の状況を「ブーム」と呼ぶことには、私は疑問を抱いています。ブームは、あくまで一時的。「その後に冷めてしまう一過性の流行」を指します。確かに、ＡＩ第1次、第2次ブームは「流行」と言えるでしょう。多くの人々がＡＩに期待を寄せましたが、実際にできることは限られており、結果として熱は冷め、投資家たちも手を引きました。

ＡＩは「これはすごい！　世の中を変える！」と二度も期待を煽《あお》りましたが、結果的に二度とも大きな変化をもたらすことはできず、世間の期待を裏切りました。まさにオオカミ少年のような存在だったのです。

だからこそ、ディープラーニングによってもたらされた第3次ブームの時も当初、「ＡＩは眉唾ものだ」「あれはただのコンピュータの遊びに過ぎない」と懐疑的に見られていました。確かに成果は上がっていましたが、多くの人は過度な期待を寄せず、静観する姿勢を取っていたと思います。

しかし、現在の状況のように生成ＡＩが、あらゆる分野で社会に実装されている様子を考えると、もはや「ブーム」とは言えません。これは「二度あることは三度ある」ではなく、「三度目の正直」です。

「教えてない」のに「わかる」という不思議

ディープラーニングはニューラルネットワークの1種ですが、明確な定義があります。少し専門的な話が続きますが、根幹にかかわる部分なので、頑張って読み進めてください。

まず、最も古典的なニューラルネットワークである「パーセプトロン」は、入力層、中間層、出力層の3層構造という、中間層が入口と出口にはさまったサンドイッチのような、シンプルな仕組みです。ざっと、「質問（入力）→思考（中間）→回答（出力）」といったイメージを持っていただければよいでしょう。

一方、ディープラーニングはもっと複雑で、ミルフィーユのように5層以上の層が重なった構造を持つのが特徴です。たとえば、ネコの写真を入力して「これはネコです」と答える仕組みでは、入力層と出力層以外に少なくとも３つ以上の中間層があります。こうした層がたくさん重なって、「深い層構造」を持ったＡＩが、とくにディープラーニングと呼ばれています。現在では１００層を超える深い層を持つことも珍しくなく、私の研究室で設計しているディープラーニングも同様です。

ディープラーニングの画像認識が優れている点は、「概念」を必要としていないところでしょう。それまでのＡＩは、仮に「ネコ」という物体を認識させるのであれば、その特徴を学習させることが定石でした。「耳が三角」「眼が丸い」「全身に毛が生えている」「しっぽがある」「４つの足で動く」など様々な特徴を教えて、「ネコ」という概念を教えていたわけです。

しかし、ディープラーニングの場合は、大量にネコの画像を見せるだけ。説明もないし、順番もありません。「この地球にはネコという動物がいる」という説明すらないままに、ただひたすら画像を見せるだけ。厳密に言えば「教えて」すら、いないわけです。

これまでの学習方法とは真逆の方法ですが、よく考えれば、人間の赤ちゃんと同じような学習です。赤ちゃんも事前の知識なしに生まれてきて、いきなり五感を通じてさまざまな情報にさらされ、次第にイヌやスプーンなどの存在に気づきます。そして、周囲から「それはワンワン」などと教えてもらうのです。

ディープラーニングも同様です。たくさんの画像をひたすら浴びて学習した結果、自然と「何か」の存在に気づくようになります。そして、その何かの名前を、人間に教えてもらうわけです。「それはネコですよ」と。

一度学習すれば、はじめて見た画像であっても、ネコが映ってさえいれば、「ネコ」だと推測できるようになります。その写真の中心にネコが映っている必要はありません。画面の隅に少しだけ映り込んでいるような状況であっても、ネコの存在に反応してくれます。

このプロセスを、さらに工夫すれば、今度は人間から「ネコの画像が欲しいのですが」と要求されると、AIが「これがお探しのものですね」と差し出してくれるようになります。これが生成AIです。

もちろん、ディープラーニングは、そもそも、人間の世界に住む実物の「ネコ」という存在を知りません。

1枚の写真を見たときに「これはネコだ」とAIが答えていても、それはAI自身が

「ネコ」だと答えているわけではありません。

少しまどろっこしい話かもしれませんが、コンピュータは、その中身では数字しか扱っていないので、ネコという単語を知っているわけではないのです。つまり、ネコの写真を見たときに「これがネコだ」と認識しているわけではなく、たとえば「これはコード238だ」というように、抽象的に答えているに過ぎないのです。

どんなネコの写真を見ても、238という数字が挙がってくる。これに対して、人間が「あなたがいうコード238は、ヒトの言葉だとネコと呼ばれるよ」と教えてやるわけです。だからこそ、ＡＩはその写真を「ネコだ」と答えるわけです。

つまり、コンピュータからすれば、ただの数字の羅列にしかすぎない存在です。あくまでも「この映像にはコード238に属する物体が映っている」と判別するのみで、人間がこれに「ネコ」というラベルを付けることで、はじめて実社会で意味を持ちます。このように、数字の羅列に意味を与えることを「アノテーション」と呼びます。アノテーションがなければ、ＡＩはただの計算機に過ぎないのです。これは重要なポイントです。

人間が、ＡＩにその意味を教えてやることで、ようやくヒトに役立つ存在になるわけで、

ＡＩそのものが、自ずとヒトに役立っているわけではないのです。ヒトとＡＩが協働して、はじめてＡＩの有益性が発揮されます。そうでなければ、ＡＩは無価値です。この点は、今後の議論で重要になってます。

なぜ「生成」と呼ばれるのか

そして、新たに生まれたのが、ニューラルネットワークの一種である「トランスフォーマー」という新しいタイプのＡＩです。代表的な生成ＡＩとして知られるＧｏｏｇｌｅ社のＢｅｒｔや、ＯｐｅｎＡＩ社のＧＰＴは、このトランスフォーマー型ＡＩに基づいています。その高い性能により、多くの研究者がトランスフォーマーへ研究をシフトさせました。その結果、生成ＡＩの性能は劇的に向上し、現在に至っています。

生成ＡＩの「生成」は何かというと、新たにものを生み出して形作るという意味です。従来の構造と大きく異なる点は、欠けたデータを補い、新しいコンテンツを作り出す能力にあります。

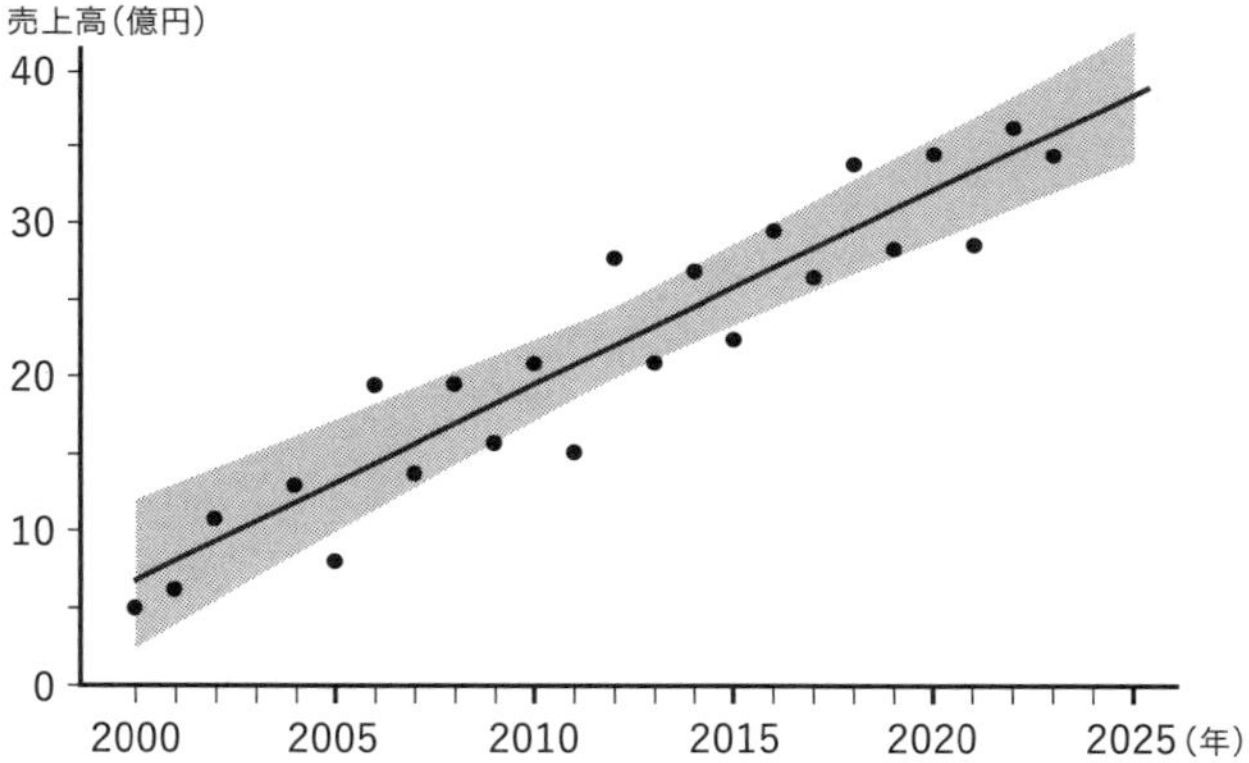

データの傾向を表現する最も基本的な統計的手法の一つ「回帰直線」

みなさんは「回帰直線」という言葉をご存じでしょうか？　これは、２つの変数（説明変数と目的変数）を用いて、データの傾向を表現する最も基本的な統計的手法の一つです。

たとえば、２０００年から２０２４年までの企業の成長をグラフに表したとしましょう。その際、年を追うごとに、売上高が増加していくとします。各点だけを追うとジグザグに点在していているように見えますが、その傾向についてはｌ本の線を引くことができます。これが回帰直線です。

回帰直線を引くメリットは、全体の傾向が見えることはもちろんですが、データとなる点が欠けた部分も補ってくれる点です。

25年間分のデータを考えるならば、本来ならば25個の点がグラフ上に必要です。しかし、仮にデータが1個欠けていても、その傾向に対して線を引くと、25個の点の間にある点も浮かび上がってきます。これが、欠けたデータを補完する「予測」と呼ばれるプロセスであって、元々ないものを作り出す意味で、いわゆる「生成」に相当します。

２０２０年、２０２１年、２０２２年、２０２４年の各年の企業の売り上げデータはあるものの、２０２３年のデータだけが欠けているとしましょう。ここで回帰直線を引くと、２０２３年の売上高を予測（内挿《ないそう》）できます。さらに２０２５年や２０２６年などの未来の売上高も推定（外挿《がいそう》）することが可能です。

回帰直線のすごいところは、欠けたデータをこのように補足できることと、ないデータを生み出せることです。それは生成ＡＩも同様です。

生成ＡＩに「この文章を夏目漱石風の文体で書き直して」と指示すれば、夏目漱石風の文章が生成されますし、「夏目漱石がネコになった画像を出して」と頼めば、夏目漱石風のネコの画像も生成されます。これが「生成（generative）」というプロセスです。

人間は、オリジナルの文章や画像を創り出すことができますが、ＡＩも「生成」が可能になったことで、人間により近づいたと言えるでしょう。

数値計算を通じて「文章」を作りだす

昨今の生成ＡＩは、言葉を自由に扱える点もユニークです。画像と言葉では、扱いが全く違うからです。

生成ＡＩが言葉を生成するためには、その言葉をコンピュータが理解できる数字の形式に変換する必要があります。言葉は本来、数字ではありません。ここが一つの発明なのですが、生成ＡＩには、言葉を数値に変換する技術が備わっています。

この技術は、「リンゴとは何か」「ネコとは何か」という概念を、ただランダムに数字に置き換えるものではありません。単に「リンゴはコード３６０」「ネコはコード２３８」とランダムに数字を割り当てるのではなく、よく使われる要素を足し算・引き算して、効率的に数字に置き換える技術です。

たとえば、「王様」という概念から「男」を引き算して、「女」を足したら、「女王」になります。このように要素を分解して、足し算・引き算することで、すべてのコードにラベリングするのではなく、効率の良い数字の置き換えを行っています。

生成ＡＩの可能性は広範囲にわたり、記事やブログの執筆や詩や小説の創作、メール作成、翻訳といったテキスト生成から、プログラミングコードの生成や画像生成、音声生成、動画生成に加えて、チャットボットやバーチャルアシスタントといった対話システム、データ分析など、幅広いジャンルで活用が進んでいます。これらは生成ＡＩの可能性の一部に過ぎません。技術の進歩とともに、さらに多くの応用が可能になると予想されます。

Google開発の「Bard」は文脈を読む

生成ＡＩのさらなる特徴は、「文脈」を読む能力が備わっているところです。

従来のディープラーニングは、写真を入力すると「これはネコです」「これはリンゴです」と認識してはくれますが、「現在」の情報にしか対応していません。「1分前に見た画像は何ですか？」と尋ねても、答えることはできません。

しかし、Ｇｏｏｇｌｅが開発した「Ｂａｒｄ」というＡＩは、「過去にどのような会話があったか」などのデータを蓄積し、「今、こういう話をしているから、こういう言葉が適切だ」と判断して、文脈を理解してくれるのです。私自身、リアルタイムでその様子を見ていて、「これはすごい！」と驚嘆しました。

これがトランスフォーマーのすごいところで、裏側ではただの数値計算に過ぎませんが、そこから「意味」のようなものを捉えることができる。これは、もともと言葉が数値に変換されているからこそ実現できるのです。

数値計算によって意味や文脈を扱える数学的な構造が生まれ、それを利用して動作するのがトランスフォーマーです。その後、いよいよ真打ちであるＯｐｅｎＡＩの開発した大規模言語モデル（ＬＬＭ）、ＧＰＴシリーズが登場します。

ChatGPTがもたらした「iPhoneのような」衝撃

生成ＡＩが本格的に注目を浴びたのは、２０２２年11月30日に、ＯｐｅｎＡＩが発表した「ＣｈａｔＧＰＴ」が登場したことに間違いありません。

ただ、ＣｈａｔＧＰＴの裏で作動していた大規模言語モデルＧＰＴ－３は、ＣｈａｔＧＰＴに遡《さかのぼ》ること2年半前、２０２０年６月に登場しています。いわば古い型です。その後、ＣｈａｔＧＰＴに使われたＧＰＴ－３・５はＧＰＴ－３のバージョンアップ版ですが、２年前に登場した時点で、基本的な機能として自然な文章生成や質問応答が可能でした。

なぜそんな古いＧＰＴ－３という技術が、ＣｈａｔＧＰＴと名前を変えて世に出ただけで、当時、世間が大きく取り上げたのでしょうか。理由は、ＧＰＴ－３を動かすには性能のよいコンピュータが不可欠だったのに、ＣｈａｔＧＰＴならスマートフォンやパソコンから簡単に使うことができたからです。

２０２０年代であれば、ＧＰＴ－３を動かすためのコンピュータを購入するには、およそ１０００万円かかると言われていました。そのため、個人が家庭でＧＰＴ－３を簡単に利用することはできなかったのです。

しかし、ＣｈａｔＧＰＴが画期的だったのは、ＧＰＴ－３・５というＡＩを動かすためのアプリを、誰でもスマートフォンやＰＣで、無料で簡単に利用できた点です。しかも、

ＣｈａｔＧＰＴは初日から日本語を使うことができました。

ＣｈａｔＧＰＴが発表された翌日、たまたま私はＡＩ関係のセミナーに出席したのですが、その際、ＡＩを専門とする仲間たちと「昨日の発表みた？」「これは大変なものが出てきたな」と、興奮した口調で、話題にしたことをよく覚えています。それほど衝撃的でした。

ＣｈａｔＧＰＴ自体は、数年前に登場した技術を応用しているだけなので、科学的には新しい発明や発見ではありません。やっていることは、古い技術を配っているだけです。でも、イノベーションとしては画期的でした。たとえ中身は旧式であっても、それを「一般に公開した」となると、まったく意味合いが変わってきます。

たとえるならば、Ａｐｐｌｅが発売したｉＰｈｏｎｅのようなものです。ｉＰｈｏｎｅに含まれる機能は、基本的にはメールやネット検索、音楽視聴など、ガラケーやｉＰｏｄなどでも対応可能な機能です。どれもｉＰｈｏｎｅ以前から存在していた技術です。しかし、それらの機能を1台にまとめ、タッチパネル式のスタイリッシュなデザインに仕上げて発売したこと自体が画期的でした。事実、ｉＰｈｏｎｅが登場したことで、「スマートフォン」は一つのジャンルとして、世の中で一気に普及しました。その社会的価値は計り知れません。

ＣｈａｔＧＰＴも同様で、機能自体は研究者から見れば以前からある古い技術です。だからといって、「今更何を騒いでいるのだ」「世間は遅れているな」とはなりません。その技術を仕事やプライベートで、研究者ではなく一般の人でも気軽に使えるようになったことは、大きな変化を生みました。実際、私自身の仕事や生活のあり方にも大きな変革をもたらしました。

当時、Ｇｏｏｇｌｅはすでにどｂａｒｄを部分的に発表していましたし、研究者の間では、性能自体はＣｈａｔＧＰＴよりもＢａｒｄのほうが優れているとも言われていました。しかし、技術を積極的に公開することはしていませんでした。そんななか、ＯｐｅｎＡＩがＣｈａｔＧＰＴを一般公開し、知名度を大きく獲得し、登録者数や利用者数を急速に増やしていったことで、生成ＡＩのビジネスを一手に獲得することとなりました。公開後わずか数か月で2億人ものユーザーを獲得したのです。ＣｈａｔＧＰＴの登場は、Ｇｏｏｇｌｅにとって寝耳に水の出来事だったでしょう。

Ｇｏｏｇｌｅ側も慌てて数か月後にＢａｒｄを一般公開しましたが、さすがにじっくりと準備する時間がなかったのか、アプリの解答精度はＣｈａｔＧＰＴに比べると雲泥の差。そして、社会的な普及度や認知度という点では、大きく水をあけられてしまったのです。

「Claude3・5」の高い計算能力

現在、生成ＡＩの世界は「誰が市場を制するか」という戦国時代に突入しています。まず、有力なのは、ＯｐｅｎＡＩのＣｈａｔＧＰＴです。もはや生成ＡＩの代名詞として、多くの人がその名前を知っていますし、２０２４年秋にｉＰｈｏｎｅに搭載された「Ａｐｐｌｅ Ｉｎｔｅｌｌｉｇｅｎｃｅ」も、ＣｈａｔＧＰＴとの連携が敷かれています。ＣｈａｔＧＰＴは、今後ますます普及が進んでいくのでしょう。

対抗勢力として注目されているのが、Ａｎｔｈｒｏｐｉｃの「Ｃｌａｕｄｅ」です。Ａｎｔｈｒｏｐｉｃは、ＯｐｅｎＡＩの経営方針に反発したエンジニアたちが、新たに設立した企業です。もともとＯｐｅｎＡＩは「あらゆるものをオープンにする」という企業方針のもとでスタートしました。しかし、生成ＡＩを維持するには多額の資金が必要です。

生成ＡＩを学習させる際には、多様なテキストを入力して言語モデルを訓練しますが、ＧＰＴシリーズほどのものとなれば、その過程には数か月を要し、電気代だけでも数億円がかかります。まさに、資金がなければ成り立たないのです。仮に失敗して再度学習を行う場合には、さらに費用がかさみます。

維持費の問題もあります。ＣｈａｔＧＰＴは基本的に無料で提供されているため、世界中から「この言葉を翻訳してください」「リンゴの育て方を教えてください」といった多種多様な質問が寄せられています。これらの質問に対して、計算を行い返答することにも費用がかかりますが、これもすべて無料で行われています。

膨大な電気代などをはじめとする運用コストを考えると、最初はとてつもない赤字が生まれます。その結果、収益を上げるためには、課金制度も必要だということは理解できます。

資金がなければ、これほどのシステムを維持することはできません。そのため、ソースコードをオープンにする方針が次第に後退し、資金獲得を優先する方向へと転換していったのです。

しかし、あくまでＯｐｅｎＡＩの創業当時の理念は、「ＡＩの技術を人類全体に分け隔てなく無料で提供しよう」という意味を込めて、「オープン」と名付けています。この理念に反する方針を会社が取り始め、それに気づいたメンバーたちが、一斉に会社を離れるという結果を招いてしまいました。

その後、離れたメンバーたちはＡｎｔｈｒｏｐｉｃという新しい会社を立ち上げて、「Ｃｌａｕｄｅ」という生成ＡＩを開発することに成功しました。このＣｌａｕｄｅは当然ながら高い能力を誇っており、とくにＣｌａｕｄｅ３・５はＣｈａｔＧＰＴを凌ぐ性能を発揮して、一気に注目を集めました。

生成ＡＩの世界は四つ巴《よつどもえ》の「戦国時代」に突入

２０２４年は、「ＧＰＴ－３」や「ＧＰＴ－４」、「ＧＰＴ－４ｏ」などを擁するＯｐｅｎＡＩの「ＣｈａｔＧＰＴ」、Ａｎｔｈｒｏｐｉｃがリリースした「Ｃｌａｕｄｅ」が爆進しま

した。そして、一度はＢａｒｄで失敗したＧｏｏｇｌｅがリリースする「Ｇｅｍｉｎｉ」が、これを猛追するという形です。

この３社がものすごいスピードで進化しています。新しいバージョンが出るたびに、お互いを少しずつ凌駕し、高性能なものを生み出しています。

ただ、Ｇｏｏｇｌｅだけは、常に他者の後塵を拝するという形が、定着してしまったのは否めません。新バージョンが出るたびに、なにかしら失態をやらかして、「ＩＴ企業の雄だったＧｏｏｇｌｅは、生成ＡＩの流れについていけず、もう終わった」と揶揄されたのです。

２０２４年夏、Ｇｏｏｇｌｅの元ＣＥＯ エリック・シュミット氏が、ＹｏｕＴｕｂｅ上のインタビューで、「なぜＧｏｏｇｌｅはＡＩ競争で負け続けているのか」と、その原因を問われたときの返答が印象的でした。「人にリモートワークをさせてはいけない」と答えたのです。

Ｇｏｏｇｌｅ社は、在宅勤務をいち早く取り入れ、オフィスで働くことを強要しないという、自由な社風を作りました。当時は、時代の先端をいく働き方改革だと、もてはやされました。その結果、人々は社内ではなく、自宅などの社外での勤務時間が増えました。そうしたなか、シュミット氏は「対面での議論が減ったことがイノベーションを妨げた」と指摘したのです。当然ながら、このＹｏｕＴｕｂｅ動画は、即座に削除されてしまい、現在では閲覧できません。

しかし、２０２４年８月第１週目に、事件が起こりました。Ｇｏｏｇｌｅが満を持して公開した「Ｇｅｍｉｎｉ１・５」の最新版が、生成ＡＩ性能ランキングで、ＧＰＴやＣｌａｕｄｅを押さえて、堂々の第１位に立ったのです。あれほど批判が集まったなかでの起死回生。胸が熱くなる一件でした。

ただし、翌週にはＯｐｎｅＡＩが新しいバージョンのＧＰＴを出して、また第１位の座を取り返しています。このように生成ＡＩの進化の速度は速く、一か月もあれば、すっかり勢力図が入れ替わるほどのスピード感です。だからこそ、今後の生成ＡＩの進歩から目が離せないわけです。

生成ＡＩの性能ランキングは、「チャットボットアリーナ（Chatbot Arena）」というサイトで公開されています。このサイトでは、これまでに、約１５０万件の人間の投票に基

総合ランキング

Rank* (UB)	Model	Arena Score
1	o1-preview	1355
2	ChatGPT-4o-latest (2024-09-03)	1335
2	o1-mini	1324
4	Gemini-1.5-Pro-Exp-0827	1299
4	Grok-2-08-13	1294
6	GPT-4o-2024-05-13	1285
7	GPT-4o-mini-2024-07-18	1273
7	Claude 3.5 Sonnet	1269
7	Gemini-1.5-Flash-Exp-0827	1269
7	Grok-2-Mini-08-13	1267
7	Gemini Advanced App (2024-05-14)	1267
7	Meta-Llama-3.1-405b-Instruct-fp8	1266
7	Meta-Llama-3.1-405b-Instruct-bf16	1264
8	GPT-4o-2024-08-06	1263
12	Gemini-1.5-Pro-001	1259

数学ランキング

Rank* (UB)	Model	Arena Score
1 ↑	o1-mini	1366
1	o1-preview	1362
3 ↑	Claude 3.5 Sonnet	1273
3 ↑	Gemini-1.5-Pro-Exp-0827	1272
3 ↓	ChatGPT-4o-latest (2024-09-03)	1270
3 ↑	Grok-2-08-13	1257
3 ↑	Meta-Llama-3.1-405b-Instruct-bf16	1257
5 ↑	GPT-4o-2024-05-13	1256
5 ↑	GPT-4o-2024-08-06	1254
6 ↑	GPT-4-1106-preview	1245
6 ↑	GPT-4-Turbo-2024-04-09	1243
6 ↑	Meta-Llama-3.1-405b-Instruct-fp8	1242
6 ↑	Gemini-1.5-Flash-Exp-0827	1242

日本語ランキング

Rank* (UB)	Model	Arena Score
1	Gemini-1.5-Pro-Exp-0827	1422
1 ↑	GPT-4o-2024-05-13	1404
1	Grok-2-08-13	1402
2 ↑	Gemini-1.5-Pro-001	1385
2 ↑	Gemini Advanced App (2024-05-14)	1383
2 ↑	Gemini-1.5-Flash-Exp-0827	1381
2 ↑	GPT-4o-2024-08-06	1378
2 ↑	Claude 3.5 Sonnet	1372
2 ↑	GPT-4o-mini-2024-07-18	1362
2 ↑	Grok-2-Mini-08-13	1361
3 ↑	Yi-Large-preview	1358
4 ↑	Claude 3 Opus	1352
5 ↑	Mistral-Large-2407	1343
6 ↑	GPT-4-0125-preview	1342
6 ↑	GPT-4-1106-preview	1338

（2024年9月23日時点）

アリーナが公開する生成AIの性能ランキング

づいて100種類以上の生成AIモデルをランク付けしています。チャットボットアリーナのウェブサイトのなかの「リーダーボード」のページを見ると、その時点でのランキングが表示されています。私はこれを常にチェックしています。

　このサイトを見ると、3社が常にしのぎを削っているのがよくわかります。しかし、2024年8月13日、このランキングに突如、ダークホースが現れました。イーロン・マスクが率いるxAI社が発表した生成AIです。その名は「Grok2」。

　Grok2の前身であるGrok1は、もともと私はよく利用していました。これはX(旧Twitter)の有料版を使っている人であれば、おまけで付属してくる機能で、気軽に利用できる生成AIです。正直なところ、性能はかなり低く、生成される文章も不自然で、先行する3社から実力レベルでは大きく水を空けられています。

　しかし、Grok1には他にはない特長があります。それは最新情報に強いことです。Grok1はX上に投稿された情報も参考にしています。ですから、「大谷翔平選手の今日の成績は?」「新幹線の本日のダイヤの乱れの理由は?」など、その日に起こった直近の情報でも、回答してくれます。

一方、ＧＴＰやＣｌａｕｄｅやＧｅｍｉｎｉは学習に使用された時点までのデータしか反映されません。通常は数か月前のデータまでです。これを「カットオフ」と呼びます。

Ｇｒｏｋ1は、情報の鮮度がまったく異なり、他では替えの利かない特長があるのです。多少、文章が変でも、情報の精度が低かったとしても、新鮮な情報が得られるのならば、十分に実用的な価値がありました。

ところが、8月13日に公開された新バージョンＧｒｏｋ2には心底驚かされました。見違えるほど性能が上がり、ＧＴＰやＣｌａｕｄｅやＧｅｍｉｎｉに比肩する文章を紡ぎ出すまでに進化しました。先のチャットボットアリーナでも、Ｃｌａｕｄｅ3・5をしのぐ順位に付けています。

わずか数か月で先人に追いつくとは恐るべし。いまや三つ巴ならぬ四つ巴。Ｇｒｏｋ2の登場で、生成ＡＩ激戦区の勢力図が、ますますおもしろくなりました。

各社の命運を分ける「大量データ」の入手法

ＩＴの世界は、基本的には「勝者総取り」です。かつてネットの検索エンジンといえば、Ｙａｈｏｏ！やｇｏｏなど多彩なサービスがありましたが、最終的には「ググる」という言葉が普及したように、多くの人がＧｏｏｇｌｅ検索を使うようになりました。これと同じように、最終的には4社のうち、戦国時代を制して、最もシェアを大きく獲得した会社が市場を独占することになるでしょう。

加えて、無視できない存在が中国です。中国では今生成ＡＩの開発競争が過熱していますす。中国の研究開発チームのＩＴやＡＩ技術は世界トップレベルですから、今後の動向に目が離せません。

中国製の代表的な生成ＡＩには、アリババが開発する「通義千問（Qwen）」を筆頭に、ファーウェイの「盤古（Pangu）」、テンセントの「混元（Hunyuan）」、零一万物の「Yi」、智源研究院や清華大学などの複数の機関が共同で開発を進めている「悟道（Wudao）」があります。いずれも高い性能を誇り、先のチャットボットアリーナでも上位にランクインする実力を有しています。すでに一部の生成ＡＩは日本語が利用可能です。

それにしても、あれほど自由度と発想力を誇ったＧｏｏｇｌｅが、当初出足が遅れていたことは意外でした。ここでＧｏｏｇｌｅが敗北すれば、世界最大のＩＴ企業がＯｐｅｎＡＩになる可能性もゼロではありません。

これまでのＩＴ界では、とにかくＧｏｏｇｌｅが圧倒的に強かった。しかし、生成ＡＩの戦国時代に負ければ、その優位性は崩れ、その天下が終わる可能性があります。だからこそ、Ｇｏｏｇｌｅは生成ＡＩに社運をかけています。

実際、Ｇｏｏｇｌｅには強みがあります。それは、スマートフォンのＡｎｄｒｏｉｄやＧｍａｉｌ、ＹｏｕＴｕｂｅ、Ｇｏｏｇｌｅマップ、Ｇｏｏｇｌｅフォトという自社サービスを所有していることです。これが何を意味するかというと、ほかの2社よりも大量のデータを集め、学習に応用できるということ。

言語モデルや画像モデルを作成する際、自社データを使用する限り、著作権侵害で訴えられることはありません。たとえば、ＯｐｅｎＡＩは初期のディープラーニングの段階で

ＹｏｕＴｕｂｅのデータを使用していました。仮にＧｏｏｇｌｅから著作権侵害で訴えられれば、それが致命的な打撃となります。このため、現在Ｇｏｏｇｌｅは他社に対し「あなたの生成ＡＩは、我々のデータを無断使用していませんか？」と牽制《けんせい》しています。

ディープラーニングには大量のデータが必要であり、その点では、データを豊富に保有している企業が有利です。この点で、Ｇｏｏｇｌｅは他社に対して強みを持っています。これに対して、ＯｐｅｎＡＩは「ライバル他社のデータを用いることはできない」と判断し、新聞社と契約を結びました。さらに、Ａｐｐｌｅと提携することで、同社が保有する音楽データなどの使用も可能になりました。

言い換えるならば、どこからデータを安全に入手し、それを合法的に利用するかが、今後の命運を分ける重要な争点となるのです。

「回答エンジン」の台頭と焦るGoogle

「Ｐｅｒｐｌｅｘｉｔｙ」や「Ｇｅｎｓｐａｒｋ」や「Ｆｅｌｏ」を使っているでしょうか。

私は使わない日はないというほど、よく利用しています。これらは「回答エンジン」と呼ばれます。質問を投げかけると、生成ＡＩがインターネット上のコンテンツを効率よく要約してくれます。便利で、仕事はもちろん、勉強や趣味にも大いに役立っています。とくにGensparkは高性能なだけでなく、全サービスが無料で利用できます（いずれ有料化される可能性は十分にあります）。

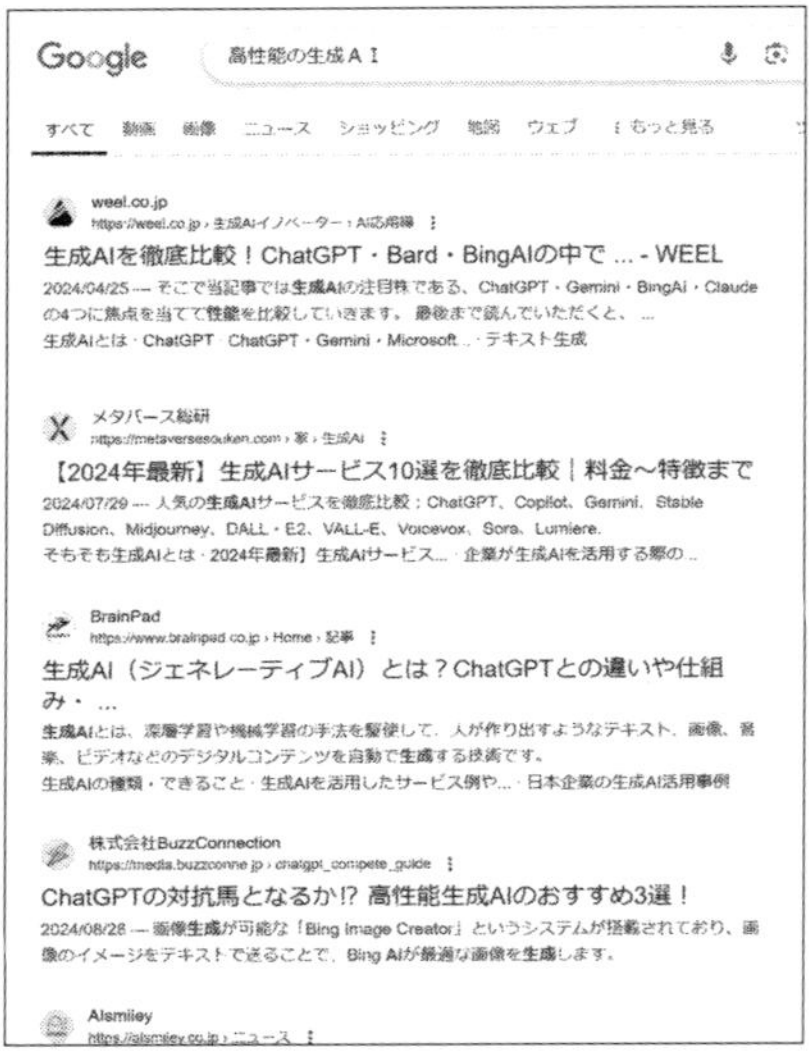

キーワード検索した画面の比較

回答エンジンには、回答の正しさを確保するために、偽情報かどうかを確認しやすいように、根拠となる文献を提示してくれるという特徴があります。また、最近では、ＡＩ側でも自動でダブルチェックする機構を備えていることもあります。

結果的に、従来型のインターネット検索を使う機会が減り、一部では「グ

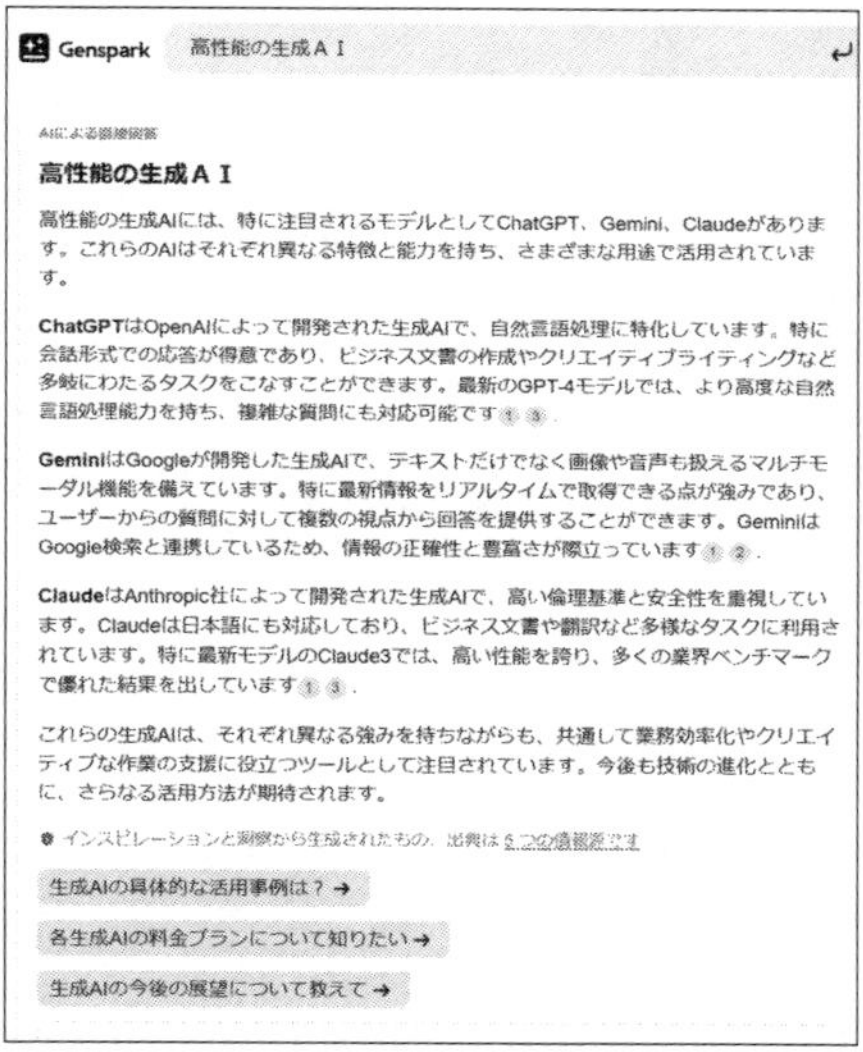

Google（右）とGenspark（左）で「高性能の生成AI」と

グるのは時代遅れ」と言われるようにもなりました。

インターネット検索で表示される結果は、関連のあるホームページのリストです。利用者は、そのリストのうちから「これぞ」と思ったＵＲＬをクリックして、該当するホームページを読み、また検索結果のリストに戻っては、別のホームページに飛ぶ、といった作業を繰り返します。つまり、検索したとしても、その後に、何度もクリックする必要があり、それ自体が面倒なわけです。

一方、回答エンジンは、そのリストの先のホームページの内容をまとめてくれるため、欲しい情報に一回の検索でたどり着くことが多いのです。この簡便さに慣れてしまうと、もはや古典的な検索エンジンに戻ることはできなくなります。私はまさにこれです。

ただ、回答エンジンの利用が広がれば、困るのは企業です。要約で事足りてしまえば、自社サイトへの訪問者が減少するのは目に見える話。そのため、現在、世界のトップ企業の約35％が、回答エンジンによる自動検索（スクレイピング）をブロックしているそうです。こうなると、回答エンジンの万能性は下がってしまいます。

もちろん、当のＧｏｏｇｌｅにとっても、回答エンジンの登場は大問題です。自社の主力サービスである「インターネット検索」が脅かされることになります。危機感を抱いたのか、同社が２０２４年に発表したのが、自社オリジナルの回答エンジン「Ｓｅａｒｃｈ Ｌａｂｓ」です。これも無料で利用できるサービスです。

Ｓｅａｒｃｈ ＬａｂｓのSの設定をオンにしておくと、いつも通りＧｏｏｇｌｅ検索をするだけで、画面上部にコンテンツの要約が表示されるため、便利です。要約部だけで必要な情報が得られるため、わざわざオリジナルのウェブサイトを閲覧する機会が少なくなりました。

Ｇｏｏｇｌｅが回答エンジンに参入したことは、ちょっとした事件です。なぜなら、企業側としては回答エンジンをブロックし続けるのは得策ではなくなるからです。多くの企業はGoogle検索で上位表示されることを目指してSEO（Search Engine Optimization、検索エンジン最適化）対策を行っています。しかし、もしGoogleの回答エンジンによる利用をブロックすれば、当然ながら、グーグル検索の結果にも表示されなくなるリスクがあります。

Search Labsの登場によって、企業はインターネット戦略を大きく変える必要性に迫られています。インターネット検索の上位表示ではなく、回答エンジンに効果的に要約されるように、自社コンテンツの作成を工夫する必要が出てくるかもしれません。

タスクに応じた生成AIを使い分ける時代へ

生成ＡＩは、開発企業のポリシーが反映され、それぞれに個性があり、特徴があります。「GPT-4o」、「GPTo-1」、「Gemini 1・5 Pro」、「Claude 3・5」、「Grok2」などの優れた生成ＡＩが並ぶ中で、自分が何を生成ＡＩに求めるかが大きなカギとなります。

加えて、フランスの「Ｍｉｓｔｒａｌ ＡＩ」のように、コード生成に強みを持つＡＩもあります。また、Ｍｅｔａ社が提供する「Ｌｌａｍａ」のように、研究者が独自のＡＩを開発するうえで転用しやすいものもあり、幅広い選択肢があります。

自分がどのような仕事をしているのか、どのような用途で生成ＡＩを使いたいのか。場面に応じて、どのＡＩを使うべきかを判断することは、今後の我々が求められるスキルの１つになるでしょう。

４位の人を追い抜いた。今、あなたはマラソンで何位？

どのＡＩがリアルタイムで性能が良いのか。それを比較するために、私の場合、１つの質問に対して、ＣｈａｔＧＰＴ、Ｇｅｍｉｎｉ、Ｃｌａｕｄｅ、Ｍｅｔａが提供するＬｌａｍａの４つのモデルが同時に回答してくれる独自のシステムを開発し、研究室のメンバーに提供しています。私自身も日々利用しています。どのＡＩが一番適した答えを返してくれるかがわからなくても、４つ同時に共通の質問を投げかけて、４つの回答を比較しながら、自分が求める最適な答えを探すことができます。同時に入力すると、どのモデルの回答速度が一番速いか、どのモデルが最も精度の高い回答を提供するかも見えてきます。

たとえば、「あなたは大学の薬学部の教授です。このテーマで薬理学の期末テストの問題を作ってください」と入力すると、それぞれがテスト問題を作成してくれます。個人的には、問題文の作成はＣｌａｕｄｅが最も得意だと感じています。一方、長い文章の要約はＧｅｍｉｎｉが最も優れていると感じます。また、論理的な思考や、数学的な思考は、ｏ－１が圧倒的に優れているようです。

たとえば、次の質問を読んでみてください。

「マラソンで4位の人を追い抜いた。今何位になったか？」

皆さんの答えはどうでしたか？　以前、この質問を投げかけた際、Ｇｅｍｉｎｉ、Ｃｌａｕｄｅ、Ｌｌａｍａは「3位になりました」と回答したが、唯一「4位になりました」と回答したのがＣｈａｔＧＰＴです。正解は、ＣｈａｔＧＰＴが回答した「4位」です。

人間でも「3位」と答えそうになるかもしれませんが、前に4位の人が走っているということは、あなたは現在5位にいるわけで、目の前にいる人を抜いたということは、現在は4位に上がったことになります。一般的に、この問題では文系の人ほど「3位」と答える傾向があることが知られています。生成ＡＩは文系的な性質を持っているといわれ、このような小学生レベルの算数を正しく解くことも、ときに難しいのです。

ただし、生成ＡＩの精度は日々向上していて、２０２４年9月の時点では、Ｇｅｍｉｎｉ、Ｃｌａｕｄｅでも、この問題を解決できるようになっていることを確認しています。

ほかにも生成ＡＩには回答が難しいとされる問題は、「strawberryという単語にｒはいくつあるか（正解：３つ）」「6頭の馬のうちどの馬が一番早いかを調べたい。どうしたらよいか（正解：6頭で一斉に競争させればよい）」などがあります。このように生成ＡＩが間違いやすい問題を調査した論文があるほどです。[6]

いずれにしても、ある問題を解決したい場合、「どの生成ＡＩに質問すべきか」を事前に知っていると作業効率は大きく向上することは言うまでもありません。

私が研究室のメンバーに提供している「生成ＡＩ比較システム」のようなサービスを、有料で提供している会社もあります。そのなかでも「チャットハブ（ＣｈａｔＨｕｂ）」は性能が高く、安心して推薦できます。検索画面の一例を示します。ここでは「日本で一番

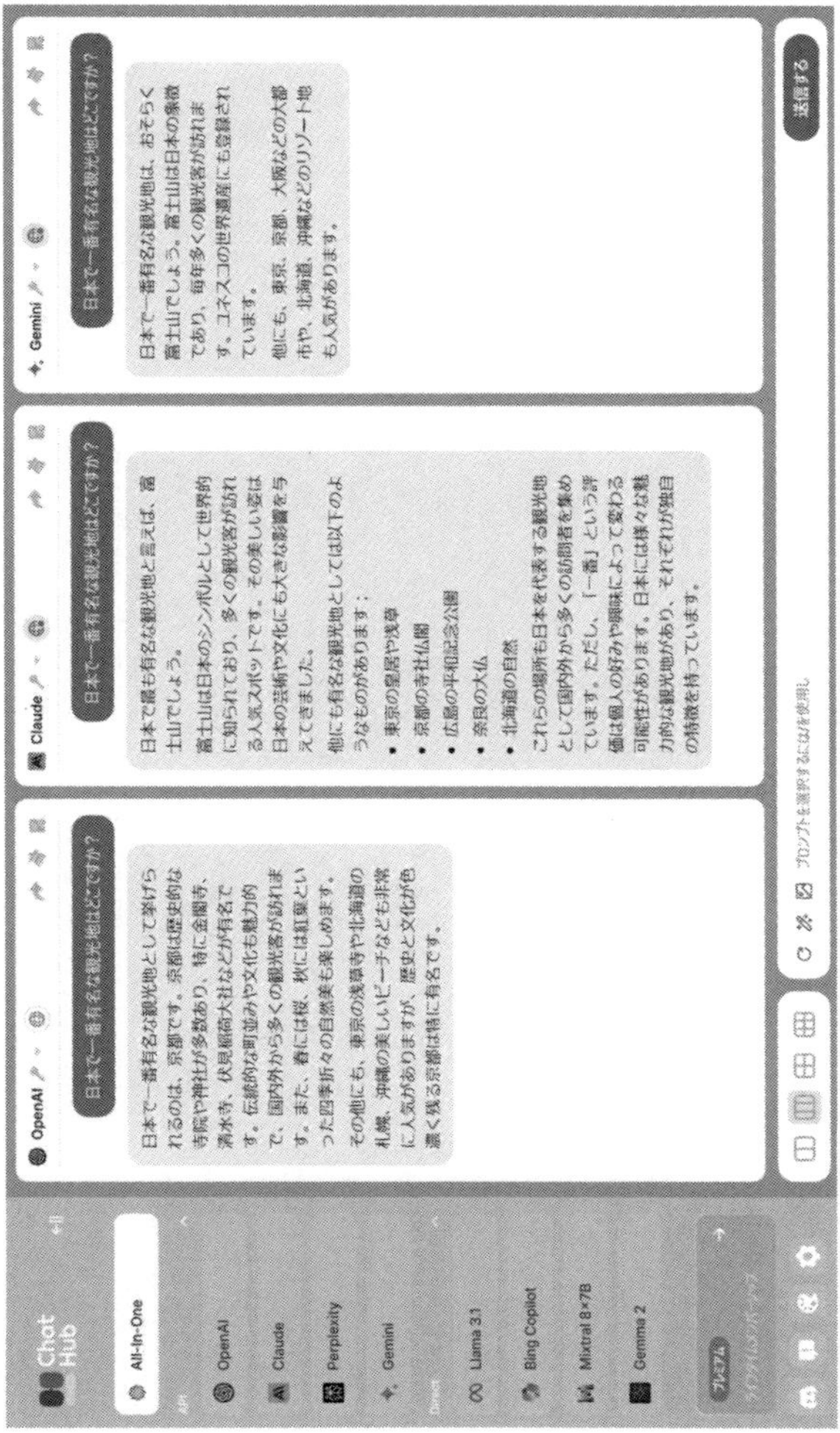

ChatHubを用いてOpen A I（左）、Claude（中）、Gemini（右）に当時質問をしたときの回答

有名な観光地はどこですか？」と質問したときの、ＣｈａｔＧＰＴ４ｏ、Ｃｌａｕｄｅ３・５、Ｇｅｍｉｎｉ１・５Ｐｒｏの回答を比較した画像を載せておきます。それぞれに個性があります。皆さんはどの回答が好きでしょうか。

第2章

人生を変える生成AIを使いこなすスキル

今後、生成AIを使いこなせるかどうかで大きく人生は変わる

生成ＡＩは、日常のどんなことに使えるのでしょうか？

私の場合、日常のとても多くの場面で生成ＡＩを利用しています。あまりに依存しすぎて、生成ＡＩが登場する前の自分が、どんな風に仕事をしていたのか、もはや想像できません。「よくこれだけの仕事を、生成ＡＩなしでこなしていたなあ。当時は、さぞや非効率な仕事の仕方をしていたのだろう……」と、昔の自分を気の毒にすら思います。

生成ＡＩの有無による違いは、携帯電話がない時代とある時代の違いに匹敵するほどです。私が大学生の頃には携帯電話がありませんでしたが、当時どうやって友達と待ち合わせをしていたのか、ほとんど覚えていません。電車が遅れたとき、どうしていたのでしょうか。

当時は、インターネットが普及していません。飲み会の幹事を任されたときも、どうやって店を探していたのでしょうか。おそらく情報誌などを読み、必死に情報収集をしてい

たことでしょう。言えるのは、現代と比べて当時は圧倒的に不便だったということです。

ネットやスマートフォンが当たり前に使える現在から振り返ると、「あの頃の自分はよく生きていたな。まるで、武器を持たずに敵と戦っていたようなものだ」と感じます。

それと同じような感覚を、２年前の生成ＡＩを持たない自分に対しても抱きます。それほどまでに、生成ＡＩは私の仕事に大きなインパクトを与える存在です。

断言できるのは、生成ＡＩによって、仕事のクオリティは格段に向上したということです。もし生成ＡＩを使わず、自分の素の実力で仕事をした場合、アウトプットの質は明らかに低くなってしまうでしょう。生成ＡＩを使っている人と競争した場合、その差は歴然で、敗北することは間違いありません。

現代において生成ＡＩを使わないのは、「自分はスマートフォンを持たない主義だから」「私はＥメールは使わないから」と主張するようなものです。妙なプライドを掲げて、こだわりを持ち続けると、本人が損をするのは目に見えていますし、利用している周囲の皆にも迷惑を掛けてしまうかもしれません。

ちなみに、２０２４年９月に行われたアンケート調査では、人々のＡＩに対する態度は

5つに分類されるそうです。[7] 皆さんはどのタイプに属するでしょうか。

1．マキシマリスト：ＡＩを頻繁に使い、他者にもＡＩの話題をする
2．地下運動派：ＡＩを頻繁に使うが、仲間には秘密にしている
3．反逆派：ＡＩの流行に乗らず、ＡＩの使用をズルいと考える
4．スーパーファン：ＡＩに興味はあるが、まだ仕事で使用していない
5．観察派：ＡＩを活用しておらず、様子を窺っている

学生に求められる「生成AIを使いこなすスキル」

教育現場でも、生成ＡＩの活用は欠かせないものになりつつあります。ＣｈａｔＧＰＴが登場した当初、生成ＡＩを教育に利用してよいかどうかという議論が起こりました。発表された2ヶ月後の２０２３年1月の時点で、「トップレベルの大学の学生で、レポート作成にＣｈａｔＧＰＴを使用した割合は17％以上」と報告されています。[8]
これには「学生の本来の学力が身につかないのではないか」といった社会的な批判もあり

ました。

しかし、私の研究室では、ＣｈａｔＧＰＴが登場すると即座に、学生たちへ「論文の作成には生成ＡＩを使用するように」と伝えました。前述のように、ＣｈａｔＧＰＴ、Ｇｅｍｉｎｉ、Ｃｌａｕｄｅ、Ｌｌａｍａの４つのモデルの回答を比較するための独自のシステムも、研究室の学生やスタッフに最新バージョンを無償で提供しています。

現在も、「生成ＡＩに学習利用は正しい教育か」「学生の真の学力は伸びるのか」という議論が続いていますが、私はむしろ「生成ＡＩを使いこなせない学生を自分の研究室から送り出すわけにはいかない」と考えています。

今後、生成ＡＩは社会の中であらゆるツールに組み込まれていくことでしょう。確実に利用が進むのだからこそ、使用を規制するのではなく、むしろ、その良し悪しを理解して上手に使いこなせる人材を育成することが、教育者としての私の責務だと考えています。

このツールが登場した瞬間、「教育者としても私自身がこのツールを使いこなさなくてはならない」と強く感じました。そのリサーチも兼ねて、私は日々生成ＡＩを使い続けています。

生成AIを使ううえで欠かせない「プロンプト」の存在

生成ＡＩを使う際に、重要なのが「プロンプト（指示）」です。

プロンプトとは、生成ＡＩへの質問のことです。「この文章を要約してください」「ネコのイラストを作ってください」「キャベツを使ったレシピを教えてください」などの生成ＡＩに対する一連の質問やお願いが、プロンプトに当たります。

ＡＩに指示をするといっても、プロンプトを使ううえで、プログラミングをしたり、特殊なコード等を打ち込む必要はまったくありません。ただ、普段通りの言葉を投げかけるだけでいいのです。高度な知識を必要としないため、生成ＡＩの導入は、初心者にとって敷居が低いものです。

どんな指示を入力するかによって、生成ＡＩが作り出すアウトプットは大きく変わります。望ましい出力を得るために効果的なプロンプトを設計・最適化する技術を探究する「プロンプトエンジニアリング」という領域もあるほどです。

プロンプトは丁寧に書き込めば書き込むほど、回答の精度は上がります（唯一の例外はＯｐｅｎＡＩのｏ－１）。

たとえば「生成ＡＩの社会実装を扱ったエッセイを書きたいのですが、読者にわかりやすい前振りを教えてください」とざっくりした質問をするより、「40～50代のビジネスマン男性で、普段から雑誌などの文章を読み慣れている人が対象の週刊誌に、最新の研究をテーマにしたエッセイを書きたいと思います。実験のテーマは２０２３年に行われた『生成ＡＩは人間よりも気配りができるかどうか』です。この実験を紹介する上で、上記の読者の心に刺さる前振りを５つ考えてください」と細かく伝えたほうが、より良い回答が得られます。

ジョークを交えたい場合も、どのようなニュアンスがいいのか、たとえば相手をいたわるジョークなのか、相手をちゃかすものなのか、自虐的なものがよいのかなど、具体的に指定してあげたほうが、望み通りの出力が得られます。

漠然とした質問をプロンプトとして入力しているままでは、欲しい回答が得られないので、いつまでたっても使いこなせません。「プロンプトこそが重要だ」と感じた私は、Ｃ hatGPTが登場して3か月後には、自分の研究室の学生を対象に、プロンプトエンジニアリングの講義を行いました。

美しいプロンプトを組むことができれば、生成AIからはどのような情報でも引き出すことができます。私は、生成AIをフル活用できるプロンプトの組み方を教える授業を行い、今でも年に2回は、生成AIのレクチャーを実施しています。

リリース当初から現在に至るまで、「ChatGPTは全然使い物にならない」と言う人もいますが、それは質問としてのプロンプトが悪い、もしくは無料版を使っているために回答の精度が低いからだと思われます。回答が思ったような内容ではない場合、生成AIの性能を疑うよりも、自分自身のプロンプトの技量を見直すべきかもしれません。

言語の問題も無視できないかもしれません。ChatGPTが登場した当初は、英語を前提としたプログラムで動いていたため、日本語で質問した場合、一度英語に翻訳され、その後処理されてから、再び日本語に翻訳されるというプロセスが発生していました。そのため、初期の頃のChatGPTは日本語があまり得意ではなく、「ああ、アメリカ人だったらこういう回答をしそうだよね」というような、日本人が違和感を抱く回答が多かったのです。

まだ英語がベースの生成ＡＩも多いのは事実ですが、少なくともＣｈａｔＧＰＴやＣｌａｕｄｅとＧｅｍｉｎｉ、Ｇｒｏｋの４つの生成ＡＩついては、日本語での学習が２０２４年に入って一気に進み、自然な日本語が戻ってくるようになりました。もし初期バージョンを使ったことがあって、「出力された日本語が不自然で使い物にならない」と利用をあきらめた方は、今ではその日本語の巧みさに驚くのではないでしょうか。

コツは「お願いする役割」を明らかにすること

上手なプロンプトを書くコツは、生成ＡＩにお願いしたい役割を明確に伝えることです。

論文を添削したいときに、ただ「添削してください」と言っても精度は上がりません。

「あなたはアメリカ在住の著名な生物学の教授です。次の文章は学生が書いた論文です。この学生は英語がネイティブではありません。この文章をオリジナルの文法をできるだけ保ったまま、誤字脱字の修正をはじめ、生物学の分野の学術論文のスタイルに沿った論文を作成してください。特に間違いがない場合は、修正しなくても構いません」のように、お願いしたい条件や内容を可能な限り詳細に記載することが肝心です。

論文を翻訳する場合も、ただ「翻訳してください」では不十分です。「あなたはプロの和英翻訳者です。アメリカに住む友人への結婚祝いの言葉を送ろうと考えています。友人は冗談が好きで、くだけた雰囲気の文章を好みます。若者が使う言葉をふんだんに用いて、次の日本語を英語に翻訳してください」といったプロンプトを入力します。

これを見てもわかるように、生成ＡＩから精度の高い回答を得ようと思うほど、プロンプトが長くなっていくわけです。そのため、学生たちから「プロンプトを毎回書くのは面倒くさい」という声が上がることもあります。とはいえ、日常の仕事の大半はルーチンワークですから、よく使うプロンプトは限られています。毎回決まった用途で使う方は、同じプロンプトが自動で出てくるように、カスタマイズすることも検討してみてもいいかもしれません。

私は、パソコン内のメモ帳に、便利なプロンプトをいくつか保管し、さらに、そのメモを研究室のメンバーに共有しています。また、プログラミングが得意な卒業生の協力を仰いで、プロンプトを使わなくても論文を添削してくれるような専門の生成ＡＩをカスタマイズし、これも研究室内限定で無料で提供しています。入力欄に自分の書いた文章を入力するだけで、わざわざプロンプトを書かなくても、添削してくれるのです。

プロンプトがうまく書けないときや、ＡＩに私の指示がうまく伝わっていないと感じるときは、プロンプトそのものを生成ＡＩに書かせましょう。「●●のシチュエーションではどんなプロンプトを書けばいいですか？」と生成ＡＩに質問するのです。生成ＡＩはプロンプト書きも上手ですから、これを利用しない手はありません。

ちなみに、私の知り合いのＡＩの専門家は、ＣｈａｔＧＰＴが思い通りの文章を書いてくれないときに、「ＣｌａｕｄｅやＧｅｍｉｎｉはもっと上手ですよ」とプロンプトを入力していました。実際、これで本当に性能が上がるから驚きます。

公的な文書など、フォーマットのある文書の執筆も上手

生成ＡＩは、事前にフォーマットが決まっている形式であれば、上手に文章を形にして

くれます。得意なのが、行政文書などの規定のフォーマットや専門用語がある文章で、形式に沿って正確に書き上げることができます。

私は、格式ばった文章を書くのが苦手なため、自分が書いた文章を生成ＡＩに「もっと形式的なものにしてください」「格調高い文章に変えてください」と頼むことがあります。

先日も、同窓会でのスピーチを頼まれ、原稿を書いていたのですが、どうにも仕上がりに納得がいかない。そこで、ＣｈａｔＧＰＴに「年上で立場のある人も来る同窓会で、スピーチをすることになりました。現在のスピーチ原稿をもう少し高尚なものに変えてください」と伝えたところ、私が書いた内容を基にしながら、新しい原稿を作成してくれました。内容を見ると、まるで自分では思い浮かばないような大人びた表現を多用していて、驚きました。

生成ＡＩは「こういうスタイルで書いてください」と指示すれば、文体を自由に調整してくれます。「この文章を『枕草子』の文体に直してください」などと打ち込んでも、精度はともかく、それなりに古文調に直してくれます。清少納言の文体だけでなく、ヘミングウェイや夏目漱石など、さまざまな作家の文体を模してくれます。

問題は、文章をゼロから書かせる場合です。「朝礼の挨拶を最新の話題を含めながら書いてください」というような利用法は、誤情報をふくむ可能性があるので、私は推奨していません。あくまでも文章は自分で書き、それを生成ＡＩに魅力的な表現に校正してもらう使い方が相応しいと思っています。あるいは、自分が話したい要点を簡潔にリストアップして、それを元に文章を書かせるのも手です。

生成AIのハルシネーションを抑えるには

最近の生成ＡＩは、初期のバージョンに比べれば、出力結果に含まれる誤情報（ハルシネーション）はずいぶんと減り、使いやすくなりました。とはいえ、ハルシネーションを完全になくすことはできないため、生成ＡＩを利用するうえで、つねに懸念事項となるハルシネーションを減らす、簡単な方法をいくつか紹介します。すぐに使える簡単なものばかりですので、ぜひ試してみてください。

・プロンプトの最後に「ハルシネーションをしないでください。」と明記する。

・プロンプト の最後に「わからないときは無理に回答を生成せず、『わからない』と答えてください」と書く。

・プロンプトをコピー&ペーストして、二重にした(二倍の長さにした)プロンプトを入力する。念を入れることで、生成AIにプロンプトの再確認を促す効果があります。

・プロンプトに「回答の根拠となるものを原文のまま抜粋してください」と記す。参照した資料が表示されることで、利用者がファクトチェックがしやすくなります。

・出てきた回答に対して「上記の回答が正しいかをチェックしてください」とダブルチェックをお願いする。ファクトチェックそのものを生成AIに行わせることも有効な手段です。

生成AIのプロンプト作成のコツ

せっかくですので、もう少しプロンプトのコツをお伝えしましょう。OpenAIが公式に発表しているプロンプトのコツは5つあります。

１つ目は、生成ＡＩに役割を与えること。たとえば「あなたは中学校の国語の教師です」「あなたはＷｅｂデザイナーです。とくに美容院のホームページ作成に特化して活動しています」などと、書き込みます。この作業を「ペルソナ採用」といいます。役割を指定することで、その立場からの回答を得ることができます。

２つ目は、できるだけ詳細に指示すること。これはすでに述べた通りです。

３つ目は、区切り文字を使用することです。たとえば、強調したい部分を「**」で囲って、「部活の**先輩**の結婚式の式辞を書いてください」と書きます。また、箇条書きする場合には、冒頭には「#」をつけて「#１リンゴ　#２ゴリラ　#３ラッパ」と書きます。さまざまな条件や例を列挙するときに有効です。

４つ目は、具体例を提示することです。旬の食材を使った創作料理について教えてほしいときに、「#１かぼちゃと栗のリゾット」「#２梨とブルーチーズのサラダ」などのように例をあげると、例に沿った返答が得られます。

５つ目は、出力形式の指定です。「４００文字で書いてください」「箇条書きで書いてください」「文末を**ですます**調に統一してください」「表にまとめてくださいい」などがあります。

ちょっとしたことばかりですが、心がけてみると返答が見違えるように良くなります。

ちなみに、ＯｐｅｎＡＩではプロンプトを専用に生成するサイトを無料で公開しています。ＯｐｅｎＡＩのデベロッパープラットフォームから「Playgroud」に入り、Ｃｈａｔ欄にある「★」をクリックするとプロンプト生成サイトに入ることができます。日本語にも対応していますので、プロンプトに自信がない方や、プロンプト作成がめんどくさいと感じる方は、ぜひ使用してみてください。もはやプロンプトについて勉強する必要がないと感じるほど便利で、あっという間に優れたプロンプトが生成されます。

もともと日本語がうまい人は生成ＡＩでもよい文章が書ける

生成ＡＩが理解しやすいプロンプトを書くには、生成ＡＩの視点を理解することが求められます。

たとえば、生成ＡＩに日本語を英語に翻訳させると、上手に翻訳できるときと、そうでないときがあります。言い方を換えると、生成ＡＩが翻訳しやすい文章と、翻訳しにくい文章があります。

周囲の皆さんを見ていて感じるのは、生成ＡＩを上手に使う方は、生成ＡＩが翻訳しやすいような日本語の文章を書くのが上手いということです。そうした方は、「生成ＡＩが翻訳しやすい日本語とはどのような文章か」をいち早く察知し、生成ＡＩに気を遣った文章を投げています。

ＡＩからどのように世界が見えているかを察する力がある人は、ＡＩが理解しやすい言葉を使うのが上手いということです。しかし、よくよく考えてみると、これは人間同士のコミュニケーションと一緒です。

たとえば、私が誰かに科学的発見の説明をするとき、相手が小学生なのか大人なのか、専門家なのかによって、使う表現や選ぶ言葉を大きく変えます。なぜなら、相手がすんなりとのみ込める言葉を使わないと、うまく伝わらないからです。それと同様に、ＡＩを利用するときも、ＡＩにとって最も伝わりやすい言葉を模索する必要があるのです。

もともと相手の知識や理解度を考えながら言葉を選び、文章を組み立てる力が高い人は、

ＡＩに対しても、物事をわかりやすく、効果的に伝えることができます。

一方、相手の気持ちを察せず、空気が読めない人は、ＡＩを使うのも苦手です。そう考えると、むしろ生成ＡＩが出てきた時代だからこそ、「人間力」が試されているのかもしれません。

生成ＡＩは単なるアプリに過ぎませんが、生成ＡＩを使っていると、人間社会について多くのことを考えさせられます。

試験問題をChatGPTで作ったら、落第者が激増

生成ＡＩは、試験問題作成にも活用できます。ＣｈａｔＧＰＴが登場した直後、私はＣｈａｔＧＰＴに、期末試験の問題を作らせるという、はじめてのチャレンジを実践してみました。もちろん、生成された試験問題は、私がしっかりとチェックして、不適切な問題になっていないかを確認しています。すると、私には思いつかない設問だと感心させられることもありました。

いざ試験を行ってみると、その結果は驚くべきものでした。なんと、例年よりも3倍ほど多くの学生が試験の合格ラインを下回ってしまったのです。

その理由は、考えてみると納得のいくものでした。多くの学生は、試験準備として、いわゆる学生が結成した「試験対策委員会」が、私の出した過去問を解き、「池谷先生は過去問でこういう問題を出していたから、次はこうだろう」といった傾向を分析し、対策を行うのが当たり前だったのです。

しかし、ＣｈａｔＧＰＴが作成した問題は、これまでの出題傾向を完全に無視しています。その結果、既存の試験対策ばかりに注力していた学生たちが大量にふるい落とされてしまったというわけです。

本来であれば、「どんな問題が出てもきちんと解ける」ことが学力の証です。出題者がＣｈａｔＧＰＴになったからといって、問題が解けないのは、学力が足りていない証拠です。それにもかかわらず、大量の学生が合格ラインに達していないという事実を見て、「これまでの自分は、特定の試験対策をしなければ問題が解けないようなレベルの学生を世の中に送り出していたのだ」と頭を抱えてしまいました。

とはいえ、学力が足りていないのは事実としても、突然の試験の傾向変更に対応できなかった学生が多かったことは気の毒です。通常、私は学生が落第しても追試やレポートは行わず、「次の年に下の学年と一緒にもう一度期末試験を受けなさい」と指示して、フォローはしません。ただし、その年はあまりにも多くの学生が落第したため、大学教員になって初めて追試レポートを課して救済措置を行いました。

そして、そこで出した問題も、生成ＡＩを活用したものでした。内容は、「次の文章は、ある心臓の病気とその治療薬についてＣｈａｔＧＰＴが解説したものです。文章の誤りを指摘しなさい」というものです。

生成ＡＩを使っていると、誤情報（ハルシネーション）が紛れ込むことが少なくありません。それを逆手に取って、学生たちに生成ＡＩの誤情報を指摘させたのです。

一見簡単に見えますが、実際には難しい作業です。私のような薬学の専門家であっても、教科書を3冊ほど開いて検証する必要があり、この問題を解くために気づけば30分ほど時間がかかっていました。生成ＡＩの作り出す情報は高度なので、よほど深く理解していないと、どれが真実なのかはわかりません。結果として学生は全員合格となりましたが、このレポートは、学生には大変よい勉強になったと思います。

なんでも教えてくれて、どんな文章や絵画も作り上げてくれる生成ＡＩですが、諸刃の剣でもあります。その一つが、この巧妙なハルシネーションです。

明らかな間違いのみならず、専門家が参考書を開きながら検証して、やっとわかるくらいの微妙な間違いも、意外と多く紛れ込んでいます。私が自分の専門分野について検証するのですら30分かかるわけですから、自分の分野外であれば、その情報が正しいのかを完全に検証することは、ほとんど不可能だと感じます。

ただ、人間も同じことで、記憶違いや勘違いから堂々と嘘を言うことがあります。あからさまな誤情報の場合はすぐにわかるにしても、その発言が本当かどうかがわかりにくいことも状況も少なくありません。そう考えると、ＣｈａｔＧＰＴは人間に近い存在だと言えるのかもしれません。

自分だけに特化した「ゴーストライター」

論文執筆や試験作成以外に、私が生成ＡＩをどのように活用しているかというと、たとえば、毎週執筆しているエッセイのアイデア出しです。私は週刊誌に、最新論文を取り上げて紹介するコーナーを持っています。原稿用紙３枚ほどの短いエッセイです。エッセイそのものは一文字たりとも生成ＡＩには書かせませんが、誤字チェックや類義語探索、そして、ときにはアイデア出しにも、生成ＡＩを活用しています。

「●●の研究をテーマに書きたいけれども、最初のつかみとして一般の人がわかりやすい事例はありますか？」

「●●の論文を扱う予定ですが、伝わりやすい例え話を５つ挙げてください」

こうした指示を出すと、生成ＡＩはいくつも事例を挙げてくれます。

さらに面白い使い方として、ＣｈａｔＧＰＴを自分の好きなようにカスタマイズできる「ＧＰＴＳ」というサービスの中にある機能を使い、自分だけの「池谷ゴーストライター」

という機能を作ったこともあります。

過去に自分で書いた1000本以上あるエッセイをすべてChatGPTに読み込ませ、「池谷はどのようなスタイルや口調でエッセイを書くのか」「池谷は一般読者に向けてどのように専門論文からエッセンスを抜き出すのか」をAIに教え込みました。私のエッセイのスタイルは、日常的な話題から入ることで内容の大枠をつかませてから、論文の解説をする手法が多いのです。この方法を「池谷ゴーストライター」に学ばせたわけです。

今週のエッセイのネタになりそうな論文を見つけたら、これを「池谷ゴーストライター」にアップロードします。すると、自動的に「もし池谷がこの論文をもとにエッセイを書くとすれば、どのような文章を綴りますか？」というプロンプトが作動し、すると、私のエッセイの特徴を捉えた内容で原稿を書いてくれます。

正直なところ、当の私にとっては、私のテイストとは少々異なり、違和感があるので、「池谷ゴーストライター」が書いた原稿をそのまま使ったことは一度もありませんが、着眼点や話題の展開の仕方や、論文の結論と一般の事象の組み合わせなどには、自分でも気づかなかった視点があるので、「これは負けた」と思ったときには、そのアイデアを参考にすることはあります。

エッセイのみならず、論文についてもアドバイスをもらうことが多いです。先日も自分が過去に発表した論文を生成ＡＩにアップロードして、「この論文を発展させるためにはどのような研究の方向性が考えられますか？　今後の研究方針として考えられる実験をリストアップしてください」というプロンプトを入力してみました。すると、研究仲間とディスカッションするのと同じレベルのアウトプットが得られますし、そのなかのアイデアを、実際の研究に活用したこともあります。ただし未発表の論文や機密性の高い文書は、生成ＡＩにはアップロードしないようにしてください。アップロードした情報が裏でどのように活用されているのかが、正直なところ、よくわからないからです。

生成ＡＩはディスカッション相手として適しているため、ネット会議に参加させるケースも増えています。私自身はまだ活用していませんが、事前に今日の会議の議題を生成ＡＩにプロンプトで教えて、Ｚｏｏｍなどで行われるオンライン会議の参加者の一人として参加させます。仮に議論が行き詰まったら、生成ＡＩに「議論が袋小路に入ってしまったのですが、今までの議論を聞いてあなたならどう考えますか？」と質問して、アイデアを募ったり、新たな展開を図ったりすることもできます。

生成ＡＩを会議に参加させておけば、議事録も作成してくれます。今のところ全文そのまま使えるほど精度は高くないものの、ゼロから原稿を書くよりは圧倒的に楽になります。

生成ＡＩの〝小説〟は最大公約数的な内容になりがち

生成ＡＩの文章力自体は高いものの、素のままではクリエイティブな文章を書くのはまだ苦手なようです。

たとえば、生成ＡＩに結婚式の挨拶文を書かせると、なんとも当たり障りのない無難な文章が出てきます。結婚式のスピーチや社長の新年の挨拶はもともと面白いものではないかもしれませんが、もしみんながＣｈａｔＧＰＴを使ってスピーチや挨拶の文章を書くようになれば、多様性のない言葉ばかりが並んでしまって、ますますつまらなくなるでしょう。

２０２４年７月に、ユニバーシティ・カレッジ・ロンドンのドシ博士らが『サイエンスアドバンシズ』誌に発表した論文では、生成ＡＩを使って作家たちに短編小説を書かせる試みが行われていました。[9]

研究の結果、生成ＡＩを使って小説を書いてみると、才能のある作家の場合は生成ＡＩを使っても作品の質はあまり変わらなかったようですが、作家としてのスキルが高くない人ほど作品の質が向上するということが分かりました。この研究から、生成ＡＩを使うことで、小説業界全体としてレベルの底上げが期待できるという結果が導き出されたのです。

もう一つ興味深い点は、「生成ＡＩは個人の創造性を高める一方で、集団全体の多様性を減少させる」ということです。この研究では、生成ＡＩを活用して作られたストーリーは、ＡＩを使わずに作られたものと比べて、内容が似通っているとの結果も出ました。

つまり、生成ＡＩを使うと、いかにも「生成ＡＩが考えそうなストーリー」になりがちだったのです。

読書感想文を書かせてみる

たとえば、読書感想文を書くことを考えてみましょう。感想を書きたい本のテキストを、

ＷｏｒｄファイルやＰＤＦなどの形式に変換して、生成ＡＩにアップロードする必要がありますが、有名な文学ならば、すでに生成ＡＩが内容を知っているので、たとえば、いきなり「夏目漱石の『坊っちゃん』の感想文を書いてください」としても大丈夫です。

しかし、大きな落とし穴があります。このやり方では、誰が利用しても同じような感想文がもどってきてしまいます。文章は上手いかもしれませんが、没個性で面白みのない、ありきたりな感想文が戻ってくるだけです。

これを避けるためには、もっと細かく指定することです。たとえば、自分なりの体験を入れてみるとよいでしょう。「チャンスで打順が回ってきたのに、三振してチームが負けてしまった。メンバーの視線が痛く、そのまま退部してしまった。後悔している」「親の仕事の都合で転校したことがある。新しい学校にうまくなじめず、気づいたらクラスのいじめられっ子になっていた。でも、状況をわかってくれる異性の友達が一人だけいた」などの情報を、プロンプトに含めて、生成ＡＩに教えてやるのです。

さらに文章のスタイルも設定します。たとえば「小学6年生の書くような文章で」「哲学的な洞察と、心理学的な考察を含めて」と具体的な指示を出します。

そのうえで、少なくとも3回は同じプロンプトで文章を書かせてみてください。毎回異なる文章を紡ぎ出してくれるはずです。それらをよく比較しながら、自分の好みの部分をつないで編集します。そうして完成した感想文を、もう一度、生成ＡＩに投げて、表現や言葉遣いを校正させるのです。

本当に独創性のある文章を、生成ＡＩを使って書く場合は、かなり巧妙にプロットを練り込んで指示しなければ、満足のいく文章は出てこないはずです。逆説的ではありますが、そこまで細かく指示を出すのであれば、ゼロから自分で文章を書いてしまったほうが早いのではないでしょうか。だから私は、生成ＡＩにゼロから文章を書かせることを推奨していないのです。

生成ＡＩは社会を便利にし、個人の能力を最大限に引き出してくれる可能性を秘めています。しかし、この事例からも分かるように、生成ＡＩに頼れば頼るほど、みんなが同じような意見や当たり障りのないアウトプットしか生まれず、社会全体の多様性が失われるリスクもあるのです。

先の短編小説の研究は、まだ研究室レベルでの実験に過ぎませんが、今後さまざまな業

ChatGPT 4o

夏目漱石の『坊っちゃん』の感想文を、私の過去の経験「親の仕事の都合で転校したことがある。新しい学校にうまくなじめず、気づいたらクラスのいじめられっ子になっていた。でも、状況をわかってくれる異性の友達が一人だけいた」を交えて、書いてください。小学６年生の書くような文章で。哲学的な洞察と、心理学的な考察を含めて。

夏目漱石の『坊っちゃん』を読んで、僕は自分の経験と重ねて色々なことを考えました。坊っちゃんは正直で、悪いことを見逃せない性格です。僕もそうだったかもしれません。転校して新しい学校に行ったとき、周りとうまくいかなくて、いつの間にかいじめられていました。自分では特に変わったことをしていないと思っていたけど、クラスのルールや空気にうまくなじめなくて、いつも浮いていた気がします。

坊っちゃんも、周りに合わせようとはせず、自分の正義を貫こうとしていました。結果的に彼は先生たちやクラスメイトたちとぶつかり、孤立します。僕も、転校したばかりの頃、どうして周りの人たちと仲良くできないのか悩みました。でも、今になって考えると、坊っちゃんと同じで、自分を無理に変えようとはしなかったからだと思います。

坊っちゃんには山嵐という理解者がいました。僕にも一人だけ、僕の状況を分かってくれる友達がいました。その友達は、僕が苦しんでいることを理解してくれて、いつも側にいてくれました。そのおかげで、僕は完全に孤立せずに済みました。坊っちゃんにとっても山嵐がいたことが、彼が孤独を感じなくて済んだ理由だったんじゃないかと思います。

心理学的に考えると、人は周りに受け入れられたいという欲求を持っているけれど、自分を曲げてまでそうすることは難しいと感じます。僕も、坊っちゃんも、周りに合わせることができず、その結果、孤立しました。でも、それは僕たちが自分に正直だったからです。

哲学的には、坊っちゃんのように自分の信念を貫くことは、大切なことだと思います。たとえ周りに理解されなくても、自分を偽ることなく生きることが、本当の意味での自由だと思います。坊っちゃんは周りに流されずに、自分の道を選びました。僕もそうだったのかもしれません。人が本当に幸せになるためには、他人にどう見られるかよりも、自分がどう生きたいかを考えることが大切だと感じます。

最後に、僕はこの本を読んで、どんな状況でも自分を大切にすることの大切さを学びました。いじめられた経験は辛かったけど、それでも僕は自分らしさを失わずに生きてこれたと思います。そして、坊っちゃんのように、自分の信念を大切にしながら生きていきたいと思いました。

ChatGPTに『坊っちゃん』（夏目漱石）の感想文を書かせてみた

界で同様の現象が起こるのではないかと私は考えます。
　ＡＩは将棋や碁などの世界でも、高いパフォーマンスを発揮しています。ＡＩに従って良い手を指し続ければ将棋界全体のレベルは上がるかもしれませんが、将棋の試合運びの多様性が増えるかどうかは別問題です。現時点では、ＡＩの登場によって将棋がより面白くなっていると感じていますが、各棋士がＡＩ的な視点でしか指さなくなると、それぞれの個性が失われ、業界全体としての面白みが減ってしまう可能性があるのではないかと危惧します。

生成AIはノーベル賞や特許をとれるのか

人とＡＩの協働によって、優れた作品が生まれるケースもあります。

２０２２年には、日本を代表するショートショートの文学賞「星新一賞」に、初めてＡＩを使った作品が入賞しました。この作品は、ＡＩが生み出したプロットや文章に人間が手を加えて完成させたものでした。

ここ数年で、ＡＩの創作力や発明力は大きく進歩しました。こうしたＡＩの進化は、文学の世界だけでなく、科学界でも注目されており、いずれはＡＩがノーベル賞を受賞する可能性も出てきています。

ＡＩがとてつもない発見をした場合、はたして誰が受賞対象となるのか。それも、今後議論が分かれることでしょう。

より切実な問題として注目されるのが、特許制度においてです。現在、ＡＩが発明者として認められるかどうかが大きな議論を巻き起こしています。

ＡＩ発明の本質的な問題は、「何」が発明されたかではなく、「誰」が発明したかにあります。現行の特許法は、１８８３年の「工業所有権の保護に関するパリ条約」を原型としていますが、この条約の中では発明者が機械になるとは想定されていませんでした。いつしか、時代のスピードが法の世界を上回ってしまったのです。

しかし、現在、１００を超える国々で、ワクチン開発や創薬、材料工学、宇宙技術、船舶など様々な分野においてＡＩを発明者とする特許出願が行われており、各国の裁判所が判断を迫られている状況です。

仮に「ＡＩによる発明は特許の対象外」と判断された場合、開発者や投資者のインセンティブが低下し、有益な研究が停滞する可能性もあります。反対に、ＡＩによる発明が特許として認められることになれば、ＡＩが生み出す発明の規模やスピードを考えると、従来とは比べものにならないほどに、特許数は増えていくはず。そうなれば、審査員の不足が避けられないかもしれません。場合によっては、特許審査の過程にＡＩを導入する可能性もあります。

情報整理も得意な生成ＡＩ

生成ＡＩは情報の整理にも優れています。

たとえば、家具を買いたいときに、ショッピングサイトを見ていたら、ときに類似商品が多すぎてすべての商品をチェックしきれないこともあります。その場合、ホームページをコピーして、「このサイトにあるテーブルの会社名と金額と評価を表にまとめてくださ い」と指示すれば、サイト内の情報を整理して、提供してくれます。

ＧＰＴｓに含まれる「Video Summarizer」というツールも興味深いです。このツールでは、動画のＵＲＬを張り付けると、その動画の内容を要約してくれます。仮に30分程度の動画であっても、内容を要約してまとめてくれるので、すべて視聴する必要がなく、時間の節約に役立ちます。なお、ＧＰＴｓは無料版のＣｈａｔＧＰＴでも利用できますので、興味ある方は試してみてください。

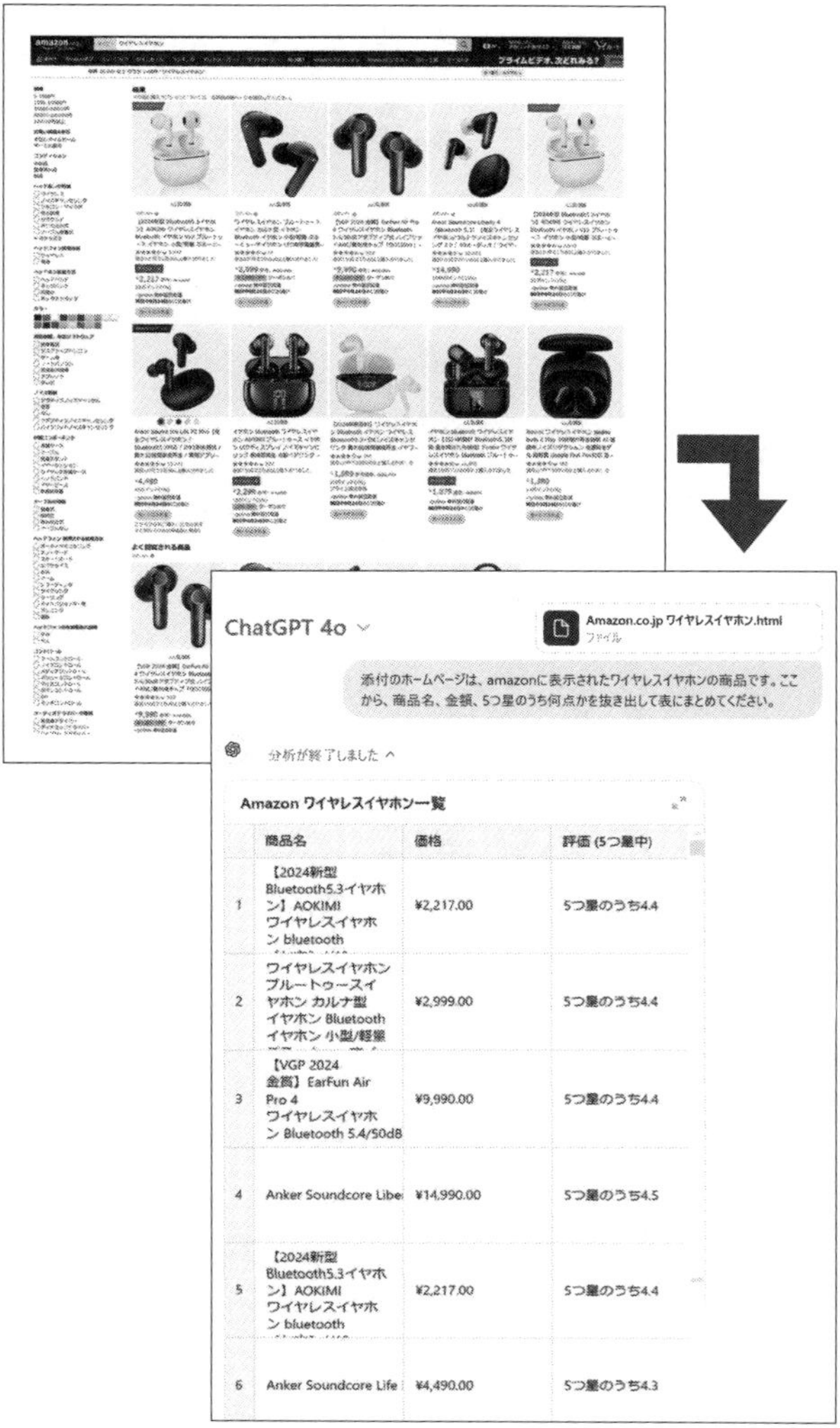

ChatGPTにショッピングサイトから必要な情報を一覧表にまとめさせた

Googleが、研究者やデータサイエンティスト向けに設計した「ノートブックLM」という生成AIは、入力したデータをもとに長文資料の要約や分析、質疑応答の回答などを行ってくれます。

私自身も論文を何百本と書いているので、論文をノートブックLMにアップロードしています。過去の自分が論文内で何を記述したのかを思い出したいときなど、「生成AI」「機械学習」などとキーワードを打ち込むだけで該当論文の該当箇所を探してくれるので、とても便利です。また、質疑応答をする際も、論文をベースにして応えてくれるので、生成AIにありがちな誤情報やハルシネーションも起こりません。

この技術は、一般企業でも応用できます。特に活用しやすいのが、カスタマーサービスなどでしょう。熟練のオペレーターであっても、取扱説明書の細かい部分に書いてある情報を把握していないことがありますが、自社の取扱説明書の文章を事前に入力しておけば、その資料の中から回答を探すことができるので、効率化が進むし、ミスも減ります。この使い方は、今後さらに普及していくのではないかと思います。

テトリスを自分で作る

私はプログラミングをよく行うのですが、困ったときにはＣｌａｕｄｅをよく利用します。私自身もかなりプログラムを書いてきたほうだと思っていますが、Ｃｌａｕｄｅは私よりも上手に、そして速くプログラムを書いてくれます。パソコンやデータ解析が苦手な人であってもＣｌａｕｄｅを使えば、簡単にプログラミングが利用できます。Ｃｌａｕｄｅが他の生成ＡＩよりも優れているところが2つあります。「ＧｉｔＨｕｂ」というサイトと連携していること、そして「Ａｒｔｉｆａｃｔ」という機能を備えていることです。

ＧｉｔＨｕｂは世界中のプログラマーが活用しているソフトウェア開発のためのプラットフォームで、ここには多くの優れたプログラマーが作成したコードが収載されています。Ｃｌａｕｄｅでは、ＧｉｔＨｕｂのコンテンツを参照しながらプログラミングできますので、簡単にプログラミングの質を高めることができます。

Ａｒｔｉｆａｃｔも初心者にとっても有益な機能です。その場でプログラムを実行してくれるのです。だから、プログラムが本当に作動するのかを、確認しながら作業することができます。

たとえば、「ウェブ上で動作するテトリスをHTML形式で作ってください」と頼んだとき、出来立てほやほやのプログラムを、ClaudeのArtifactの画面上で、テトリスのゲームを再現することができます。本当に簡単なのでぜひ試してみてください。自分でプログラムする必要は一切なく、完全な素人でも使うことができます。

Artifactを見て、何か修正したいことが出てきたら、「スコアを上部に表示して」「異なるブロックには異なる色をつけて」などと追加でリクエストすることができます。

Claudeはホームページの作成なども得意で、Webデザインの専門家に頼む必要がないほどです。さらに、自作のプログラムのバグを修正したり、間違いを指摘したりすることもできます。

医療業界で進むＡＩによる画像診断

文章やプログラミングだけでなく、画像の世界でも生成ＡＩは大活躍しています。

その最たる例が、医療業界における画像診断です。ガンなどの腫瘍をはじめ、膨大な量の画像をＡＩに読み込ませることで、その患者さんが病気かどうかを判断させることができます。

とはいえ、医師がＡＩの診断をそのまま鵜呑みにするわけではなく、あくまで参考にするだけ。最終的には自分が判断を下します。

なぜ、ＡＩの意見を参考にするかというと、もちろん医師自身だけでも「これはガンだ」「これは結核だ」と画像を見て判断はできますが、ときにはベテランの医師であっても診断に悩むことがあるからです。以前は、迷った場合、別の医師やチームスタッフに相談して、意見を仰ぐしか手段がありませんでしたが、現在ではＡＩという新たな視点が加わったことで、ＡＩと自分の意見が一致するかどうかを重視するケースも増えています。

ＡＩのサポートにより、自分の見落としや診断結果の確認ができるようになる。これはシンプルで効果的な使い方と言えるでしょう。

生成ＡＩの登場で、みんなの写真がうまくなる

画像調整するのも、ＡＩにとってはお手のものです。

私はカメラが趣味で、よく写真を撮影します。その中で、最近「これは便利だな」と感じる機能が、観光地などでの写真修正です。以前は、旅行先で家族の写真を撮影する際、背景にほかの観光客が映り込まないように、人がはけるのをひたすら待つ必要がありました。また、他の誰かが写真を撮影しているときは、背景に自分たちの姿が映り込まないように、極力気を遣っていました。

しかし、現在では、写真に映り込みを気にする必要はほとんどありません。たとえ映り込みがあっても、生成ＡＩに指示すれば、映り込んだ歩行者を消してくれて、なおかつ背景も自然になじませてくれるからです。

こうしたサービスで代表的なものは、Ａｄｏｂｅ社のＰｈｏｔｏｓｈｏｐや、Ｇｏｏｇｌｅ社のＧｏｏｇｌｅ Ｐｈｏｔｏｓです。Ｇｏｏｇｌｅ社の生成ＡＩサービスは２０２４年９月に始まったばかりです。

背景が有名な観光地であればあるほど、調整は完璧です。ほかの人が観光地の写真をたくさんアップロードしているので、生成ＡＩもそれらのデータを多く学習しており、容易に背景を再現してくれます。

仮に、たくさんの人が集まる国会議事堂の前で、写真を撮影したとしましょう。その写真をアプリで開いて、写真に映っている群衆の姿をブラシで消して、国会議事堂の前に立っている家族の姿だけを残せば、思い通りの写真をつくりあげてくれます。

国会議事堂の写真はネット上にすでにたくさんアップされており、生成ＡＩはそのデータを学習しています。たとえ人の影になって背景が見えない部分があっても、「その背景がどうなっているか」を生成ＡＩはよく理解しているため、違和感のないカタチで補完してくれるのです。

もちろん、国会議事堂のような有名な場所ではなく、誰もが撮ったことがない秘境や森の奥地などであっても、それらしい映像に調整してくれます。曇った空を青空に変えたり、昼間なのに美しい夕日を作り上げたりすることも容易です。そのため、実際には雨が降っていたのに、修正された写真を見て「当時は晴れていたんじゃないか」と記憶がすり替わってしまうこともあるほどです。

ちなみに、この原理は、生成ＡＩが大学入試問題の過去問を解いたり、『枕草子』を現代語訳したりするのと同じ原理です。

生成ＡＩは、自力で過去問題を解いているわけでも、『枕草子』の内容を理解して現代語訳をしているわけでもありません。過去問題については、あくまで過去の学習データを基に、「これらの問題はこう解けばよい」という記憶を参照しているだけです。『枕草子』の翻訳も、自分で翻訳したのではありません。原文も現代語訳もともに学習していますから、「この文章はこの現代語訳に対応する」という答えを知っているわけです。だから、上手に回答できるのです。あたかも即興で翻訳しているように見えますが、実際には膨大なデータベースから答えを引き出しているケースが大半です。

アートの世界でも存在感を増す生成ＡＩ

アートの世界でも、ＡＩは大活躍しています。画像生成ＡＩに、テイストや色合いを自由に指示してテーマを与えれば、一瞬にして立派な絵が出来上がります。

画像生成ＡＩで有名なものは、「Ｍｉｄｊｏｕｒｎｅｙ」、「Ｉｍａｇｅｎ３」、「Ｆｌｕｘ．１」、「ＤａｌｌＥ・３」、「Ｆｉｒｅｆｌｙ」、「Ｓｔａｂｌｅ Ｄｉｆｆｕｓｉｏｎ」あたりでしょうか。とくに冒頭の３つは非常にクオリティが高く、私もよく利用しています。発表資料やホームページの挿絵を作成するにはピッタリです。ちなみに、研究用には自由度の高いＳｔａｂｌｅ Ｄｉｆｆｕｓｉｏｎを用いています[10]。

これほど簡単に絵が生成できるのならば、今後、学生に絵を描かせて点数をつけるという教育方法は見直されるべきかもしれません。絵を描くのが好きな人はもちろん才能を伸ばすべきですが、生成ＡＩが一瞬で素晴らしい絵を描ける時代に、絵が苦手な人に無理やり描かせて美術の点数をつけるのは、もしかしたらナンセンスなのかもしれません。ワープロなどの登場で、漢字の書き順を正確に書いたり、文字を美しく書いたりするスキルが、日常生活の中でそれほど重視されなくなったように、今後、どこに教育の重きを置くべきかは、考え直す時期がきっと来ることでしょう。

私が個人的に興味を持っているのが、「scoringAC」「LAION Aesthetics Predictor」をはじめとするＡＩが写真や画像を採点してくれるサービスです。これらのサービスでは、私が撮影した写真にＡＩが評価点をつけてくれます。これはあくまでＡＩが定めた基準に基づくものですから、高い評価を得たからといって必ずしも芸術的に優れているとは限りませんが、私のような素人や初心者にとっては構図の取り方やコントラストの設定を、学ぶ良いきっかけになります。

現行サービスでは、ＡＩは撮影後の写真を評価するだけですが、将来的にはシャッターを押す前に「この色調をもっと調整したらどうですか」「バランスをもっとずらしたほうがいいですね」などと、リアルタイムで色合いや構図についてアドバイスして、よりよい写真を撮れる機能を持つことでしょう。ＡＩが芸術的センスを伸ばしてくれる「ＡＩ教師」となり、美術学校に通っているかのような教育環境が独学でも得られるようになるかもしれません。

再現されたレンブラントの「夜警」

美術史の分野でも、古今東西の絵画をＡＩに学習させることで、これまで人間の目では捉えきれなかった事実が次々と明らかになっています[11]。

たとえば、肖像画一つ分析するにしても、ＡＩは姿勢や視線、ブラシストロークや彩色のパターンを基に、年代や系譜を的確に分類し、さらには画家の利き手まで判別します。

たとえば、光の再現については、レオナルド・ダ・ヴィンチよりもヨハネス・フェルメールの絵画が際立っていること。また、20世紀のシュールレアリズムの先駆者であるルネ・マグリットが意図的に取り入れたと考えられていた照明の不整合が、実は、すでに15世紀のヤン・ヴァン・アイクによって行われていたことも、ＡＩの力で明らかになりました。

２０２１年には、レンブラントの最高傑作「夜警（正式名称：フランス・バニング・コック隊長とウィレム・ファン・ライテンブルフ副隊長の市民隊）」をＡＩによって修復するプロジェクトが話題になりました。もともとこの作品は大きな絵でしたが、絵を設置する市庁舎の壁が小さく、このサイズに合わせるため、四方が切り取られてしまいました。美術ファンにとってはなんとも衝撃的な事実ですが、切り取られた部分は行方不明のままで、元の絵がどのようなものだったのかはわかっていませんでした。

当然、多くの人は「夜警」の完全な姿を知りたいと思うはず。そこで、ＡＩに当時の時代背景やレンブラントの描写スタイルを学習させ、失われた部分を独自に補完するというプロジェクトが行われたのです。３００年ぶりに復元された絵画を私自身が見たとき、その構図が元の絵よりも圧倒的に優れているようにさえ感じました。もちろん、現在の絵も素晴らしい傑作ですが、復元画を見た後では、現在の姿の絵は必ずしも理想的な構図ではなかったのだとも痛感させられました。

絵画の修復は、他の作家でも行われています。私の大好きな作家のひとりにグスタフ・クリムトがいますが、彼の現存する作品は少ないです。

その理由の一つは、ナチス軍がウィーンに侵攻した際、彼の絵を焼き払ってしまったことです。ウィーンにあった一部の貴重な美術品はナチスに持ち去られ、大切に保管されて現存していますが、当時のクリムトはまだ気鋭の画家であり、ナチスからは価値を認められていなかったため、作品は焼却されてしまいました。

しかし、一部の絵については、写真やスケッチが残っているので、生成ＡＩにクリムトがこれまで描いた作品を学習させることで、モノクロの写真上の作品に、「きっとクリムトならこういう色を使っていただろう」と予測して色を付けることができます。こうして、すでに失われた作品から再現されたクリムトの極彩色を、今に生きる私たちが堪能することができるのです。

古代ギリシャ文字を再現

２０２２年、『ネイチャー』誌にて、古代ギリシャの石板文書を補完するためのＡＩ技術が紹介されました。[12]古代ギリシャでは、紙のような書記媒体がまだ存在せず、多くの文書が石板に刻まれていました。石板は長期保存に適している一方、その硬さゆえに破損しやすいため、失われた部分を復元することが古代ギリシャ考古学における重要な課題となっています。

この問題に対処するため、古代ギリシャの文書は早期からデジタル化されてきました。1980年代には文書のデジタル化が進められ、1990年代にはデータベース化が進展し、学術研究の基盤が築かれました。

Ｇｏｏｇｌｅの子会社である「ＤｅｅｐＭｉｎｄ」のアサエル博士らが行った研究では、約18万件のテキストをＡＩに学習させることで、文書が作成された時代や場所を特定するだけでなく、欠けてしまった部分の復元にも成功しました。ＡＩは、専門家に匹敵するほどの予測精度を持ち、偏りなく分析できる点が強みです。

この研究により、ＡＩが既存の学術的知見を基盤にしながら新たな可能性を切り開き、学者たちが自らの研究を深めるための強力なツールとなることが証明されたと言えるでしょう。

「バーチャルラット」やタンパク質の構造解明

生物学の分野でも、ＡＩの進歩は目覚ましいものがあります。

２０２４年、ハーバード大学とＤｅｅｐＭｉｎｄの共同研究によって開発されたのが、ＡＩでバーチャルなネズミを３Ｄで合成した「バーチャルラット」です。[13] ＡＩにこんな使い方があることに驚きもありますし、生身のネズミを使わずに実験できれば命の犠牲を減らすこともできる。極めて画期的な取り組みだと感じます。

そのほか、近年ＡＩが薬学界・生命科学界にもたらした大きな衝撃の一つが、ＤｅｅｐＭｉｎｄが開発した「ＡｌｐｈａＦｏｌｄ」というＡＩモデルです。[14] ２０２４年のノーベル化学賞が与えられたことからも、この技術の重要性が伺えます。

このＡＩは、三大栄養素の一つであるタンパク質の構造を予測する技術を持っています。タンパク質の性質は、ＤＮＡの設計図に基づいた20種類のアミノ酸の配列によって決まります。タンパク質は細胞や生体内で重要な役割りを担っているので、薬でタンパク質機能を調整することで、病気の治療や症状の改善が可能になります。そのため、薬学においては、タンパク質がどのような立体構造を持っているかが、重要な情報とされています。

少し専門的な話になりますが、これまで、タンパク質の構造を調べるには、大きく分けて2つの方法がありました。どちらもノーベル賞を受賞した画期的な手法です。

1つは、「X線結晶構造解析」を使う手法です。タンパク質を大量に採取して結晶化させ、X線を当てることでそのDNA構造を調べるというもの。ただし、この手法では、結晶化しないタンパク質は調べられません。また、水を結晶化すると氷になるように、結晶化すると元の形が変わり、生の状態が見られないというデメリットもあります。

もう1つは、現在主流の手法である「クライオ電子顕微鏡（Cryo-EM）」を使う方法です。こちらは、タンパク質が液体に溶けた状態でも観察できます。だいぶ実験は楽になりましたが、1つ1つ手作業で観察するという手間はかかります。

タンパク質の構造解析は長らくこの2つの手法が使われてきましたが、2018年にDeepMindが発表したのが、「AlphaFold」という画期的なAIでした。実験を行わずとも、アミノ酸の配列から、タンパク質の立体構造を計算できるのです。この手法は多くの研究者をうならせ、生物学の世界におけるゲームチェンジャーになりました。

２０２０年に発表されたＡｌｐｈａＦｏｌｄ２は、なんと、人類がこれまでに知っているすべてのタンパク質の構造を計算し、その結果を無料で公開しています。要するに「ＡＩはこう予想していますが、実験者の皆さん、これが正しいか証明してください」ということです。あまりに膨大な情報量で、人がこれを検証するのに、何年かかるかわかりません。いや、おそらく実験で検証し尽くすのは不可能だと思います。つまり、ＡｌｐｈａＦｏｌｄ２が提供するデータは、非常に貴重な資料になるのです。

これに対抗して、２０２２年にフェイスブックを運営するＭｅｔａが発表したのが、タンパク質構造予測ＡＩ「ＥＳＭＦｏｌｄ」です。[15]このプロジェクトでは、人間がまだ存在を知らない６００万種類以上のタンパク質の構造を無料で公開しています。

「人間が知らないタンパク質」と聞いてもピンとこないかもしれませんが、深海や山頂、腸や皮膚の細菌などからサンプルを集めたＤＮＡをしらみつぶしに調べた結果、人間がまだ目にしたこともない生物のタンパク質の基本構造までわかるようになったのです。

さらに、ＤｅｅｐＭｉｎｄが２０２３年から行っているのが、人のゲノムのウィークポイントを挙げる「Ａｌｐｈａ Ｍｉｓｓｅｎｓｅ」という新たなプロジェクトです。[16]人間のＤＮＡには弱点があり、一部のアミノ酸配列が変わると遺伝子性の疾患になることがあります。

このプロジェクトを通じて、まだ人類には存在していない病気の原因となる変異タンパク質を特定し、将来その病気が発生した際に、あらかじめ対策として薬を作ることが可能になるでしょう。これらの一連の業績は、ノーベル賞に値する大発見だと私は考えています。

さらに２０２４年には、最新バージョンＡｌｐｈａＦｏｌｄ３が公開されました。[17]ここではＡＩの設計が一から見直され、生成ＡＩが導入されました。これで目的のタンパク質が、ほかの分子とどんなふうに相互作用するかまで、精度良くわかるようになりました。これを用いて生命科学、医療、創薬、農業など幅広い分野で、新たな発見が次々と行われています。

生成ＡＩの登場によって、薬学をはじめとした科学の世界は確実に、飛躍的に進歩を遂げています。

ＡＩ兵器は人類のためになるのか？

しかし、これだけＡＩが影響力を持つ時代だからこそ、仮に悪用されれば、その破壊力はすさまじいものになります。

その代表例として、現在世界中で懸念されているのが、ＡＩ兵器です。

「リーサル・オートノマス・ウェポン（ＬＡＷ）」は、耳にしたことがあるかもしれません。いわゆる「致死的自律型兵器システム」です。これは、人が操作せずとも自動で目標を選定し、攻撃する能力を持つ兵器で、まさに無人の殺人システムです。

ＬＡＷの研究は数十年にわたる歴史がありますが、長い間、ＳＦ小説のような架空の話題とされていました。しかし、近年のＡＩ技術の進展により、それが現実のものとなりつつあります。

ロシアとウクライナの戦争でＡＩが使われていることは、広く知られつつあります。公式には、ＡＩは物資輸送などの最適化に利用されていると発表されていますが、すでにウクライナとの国境から１０００km以上離れたロシア領内で、石油やガスのインフラ施設を破壊するドローンの映像が公開されています。公には攻撃にはＡＩが使用されていないことになっていますが、映像を見た専門家からは、ＡＩが人を殺している可能性があるとの声が上がっています。

人を殺す際にＡＩを使って良いのかは、大きな議論があります[18]。文章や画像を作成させることに比べれば、兵器のＡＩ設計は、技術的には比較的容易だとされています。しかし、誤作動が発生した場合、その結果が壊滅的なものとなる恐れがあるため、懸念を抱く人が多いのも事実です。

国連のアントニオ・グテーレス事務総長も「２０２６年までに自動兵器の使用を禁止したい」と発言しており、２０２３年１２月にはＬＡＷに関する報告書の作成を求める決議案が採択され、２０２４年９月の議会で史上初めてＬＡＷが議題に挙げられました。

ただし、ＡＩ兵器の使用を禁じることには、反対の意を示す国も少なくありません。アメリカでは、ＬＡＷ型の潜水艦や戦車、船舶が試作されていますし、数千機の無人機を実戦配備する「レプリケーター計画」には10億ドルの予算が計上されています。これだけ巨額の予算をすでに投じている以上、アメリカは条約締結に強く反対するでしょう。戦争そのものが「悪」だと考えれば、凶悪な武器であるＡＩ兵器も当然、人間社会にとっては「悪」になります。

しかし、一部の専門家は「ＡＩが駆動する兵器は、人が操作する兵器よりも正確で、兵士の死傷者だけでなく、民間人や住宅地への被害も減少させる可能性がある。むしろ人類の味方だ」と主張しています。さらに、脆弱な国や地域の自衛手段としても、有効であるとの意見もあります。

戦争という悪行が、国際社会情勢において、もはや避けられないものであれば、むやみに「戦争反対」を訴えて絶望するよりも、ＬＡＷを積極的に導入するほうが、もしかしたら、現実的な解決策として「善」となるのでしょうか。この問題については、世界的な議論がますます重要になってくるでしょう。

AIの参入が待たれる農業業界や教育業界

いつの時代も最先端技術は、教育や農業などの分野では導入が遅れがちですが、本来はこれらの分野こそがAIの力を必要としています。

農業なら、天候を予測して、適切なタイミングで水をまいたり、肥料を与えたり、収穫を行ったりするタイミングをAIが登場すれば、農作物の生産性は大きく伸びるはずです。また、害獣が出現するタイミングをAIで感知して防御策を講じたり、風の動きを計算したうえでドローンを使って計画的な農薬を散布したりすることも、AIが得意とする分野です。

残念ながら、多くの人々は利益を追求するあまり、市場取引など、わかりやすく利益を生む分野に、真っ先にAIを活用したがりますが、私は教育や農業のような基盤的な分野においてこそ、活用がもっと進むべきだと考えています。

もちろんAIの導入には費用がかかるので、投資費用が回収できそうな分野から導入が進むのは、ある意味、しかたがないのでしょう。でも、それが社会全体の長期的視点でみたときに最適な選択かといわれれば、研究者としてはもどかしさを感じてしまいます。

「叱ること」がＡＩの新たな役割になる

生成ＡＩの教育における活用として、すでに述べた私の導入法は先進的で少々過激だったかもしれませんが、教育業界でも、少しずつではありますが、ＡＩの活用が進んでいます。文章の要約や作成についてはもちろんですが、カリキュラムの作成や試験の採点、外国語の学習など、生成ＡＩを教育にどう活用していくかについて、私自身も大きな課題意識を持っています。

特に注目しているのが、ＡＩ教師の存在です。「教えること」自体は、実は人間よりもＡＩのほうが向いているのではないかと感じています。

ＡＩが先生であれば、学生はどんなに些細なことでも、気軽に質問できます。その生徒の性格や特性に合わせて、個別にカスタマイズされたＡＩ教師が一人ひとりの生徒に対応することも可能です。

もちろん、身体的な体験や教室に定期的に集まることは必要だと思います。人はあきらかに人を必要とします。集団のなかの一人である自分を認識して行動することは、人格形成に必須です。だから、学校のクラスで「箱型」の授業を受けるというプロセスそのものは、今後もある程度は重要だと思っています。

しかし、クラスでの教師を、人がやるべきか否かを考えておくことは大切です。生成AIであれば、「担任の先生の当たり外れ」といった教育の不均衡を解消できますし、生徒数が少なくて廃校寸前の地域にも、高品質な教育サービスを提供することができます。

また、自宅での宿題や自主学習では、AI家庭教師がそれぞれの生徒に対して、AIを使って最適化された学習プログラムを提供することができます。学習の遅れやムラを減らすことに貢献することはまちがいないことでしょう。

さらに、「叱る」という役割も、今後はAIが担うものになるかもしれません。教育においては、叱ることと褒めることの両方が必要ですが、現代では、かつてのように叱ることがあまり推奨されていないため、褒めることが優先されがちです。もし生徒を叱るのが、社会的な視点から、人間には難しいのであれば、AIにその役割を担わせるのも一つの方法でしょう。実際、生徒は人間の教師に叱られるよりも、ＡＩ教師に指摘されるほうがストレスを感じにくいというケースもあるでしょう。

そして、ＡＩに叱られて落ち込んでいる学生を慰めるのは、もちろん、人間の教師の役割です。「ＡＩはあんなふうに厳しいことを言ったけれど、君には良いところがたくさんあるよ」といった具合に。このような役割分担は、人間が叱り、ＡＩが慰めるよりも、ずっと健全だと言えるでしょう。人間の教師は、生徒の成長をサポートする応援団に徹することができるのです。

会社でも、叱る役目はＡＩに任せ、褒める役割を人間が担えば、パワハラにもならず、上司も安心できます。反抗期の子どもに対しても、親の言うことは聞かなくても、ＡＩの言うことなら素直に受け入れる可能性もあります。人の社会では、「何を言うか」よりも、「誰が言うか」のほうが、はるかに重要です。そう考えると、今後のＡＩの活用方法は、さらに幅広く広がっていくのではないでしょうか。

AIと人間が共存する世界へ

数年後には世界がどうなっているのか。AIの研究者である私でさえ、今は本当に予測がつきません。

先にご紹介したDeepMindが発表したタンパク質構造解析AIツールにしても、「こんなものがあったらいいな」と夢に思っていた研究者はいたかもしれませんが、ほとんどの研究者はこんなに早くに実現できるとは思っていませんでした。AIにとって、タンパク質の構造解析はそれほど難しいタスクではなかったからこそ、実現したのです。これは、人間にとって難しいタスクとAIにとって難しいタスクが異なることを示しています。

人間が「これは難しいから実現できないだろう」と思うことも、AIは簡単にこなすかもしれません。人間が「こんなことは達成できないだろう」と思っていた夢物語が、意外と簡単に実現する可能性も十分にあるのです。逆もしかりで、「こういうタスクならAIは得意だろう」と思っていた仕事が、案外と人のほうが楽だったりするかもしれません。

ともあれ、10年、あるいは20年後の世界はなかなか想像できないものです。

仮にＡＩなくして成立しない世界が訪れたとしても、人間が愚かになることは決してないと考えています。勉強を続ける必要はありますが、ＡＩがもっと上手に教えてくれるようになるので、努力する人間はさらに賢くなるはずです。学校の授業がわかりづらくて挫折する人が減ったり、理解に余分に時間がかかっていた１時間をもっと有効に使えたりするようになるでしょう。

ＡＩが進化して優秀になると、人類を支配し始めるのではないかと不安視する人もいますが、本当に未来のＡＩは人類を滅ぼすような行動をとるでしょうか。人間を奴隷扱いしようとするのでしょうか。

人間がＡＩを必要とするように、ＡＩもまた人間を必要としています。

なぜなら、人間にとって何が意味があるのかを、ＡＩに教えるのは、あくまでも人間だからです。人間が介入しないＡＩは、人間の生活する社会では役に立ちません。そんな無価値なＡＩは人の欲するものではありません。

ＡＩにとって、人間は敵ではなく、自分のメンテナンスをしたり、アップロードしてくれたりする存在です。だから未来、AIは「人など不要だ」とするのでなく、「人間を生かしておいたほうが良い」と判断する可能性が高いはずです。人間がいたほうが、間違いなく自分たちにとっても都合が良いと、優れたAIであればあるほど、人間を大切にするのではないでしょうか。

人とAIが共存する世界には、SF映画で期待されるようなスリルやサスペンスはありませんが、AIが賢ければ賢いほど、共存という選択に至るでしょう。

ファーストステップは「会話」がおすすめ

ここまで生成AIの使い方やその可能性の一部についてご紹介してきました。

本書の読者の中には、まだ生成AIに触れたことがない方も多いかもしれません。最初に使う際にまずおすすめしたいのは、ChatGPTなどで生成AIと会話をしてみることです。一度会話をしてみるだけでも、どんな話題にもついてきてくれ、適確に答えてくれるので、「生成AIには何ができるのか」が実感として伝わってくるでしょう。

たとえば、今あなたに好きな人がいて、告白をしたいなら、その方法についても、生成ＡＩはアドバイスをしてくれます。

このとき、単に「彼女に告白したいんだけど、どうすればいい？」と聞くだけでは、出てくるアイデアは限られてしまいます。できるだけ詳細に状況を説明して深掘りしていくことが肝心です。

プロンプトを作成するならば「私は21歳の大学生の男性です。同じ大学にいる1学年上の女性の先輩に恋をしています。自分は少し太めです。相手の女性はスレンダーで茶色い目をしています。性格は積極的で行動的で、読書好きです。フィクションが好きなようです。大学の図書館で告白の手紙を手渡したいのですが、なんと伝えたらいいでしょうか。５００文字以内で考えてください」といった具合に具体的に伝えてください。

たとえば、このプロンプトで、生成ＡＩに質問してみたら、次のようなアドバイスが得られました。

「〇〇先輩、いつもお世話になっています。実はずっとお伝えしたいことがありました。先輩の積極的で行動的な姿勢や、周りに対する優しさを見ているうちに、自然と先輩に惹かれるようになりました。初めて会った時から、その明るい笑顔と目に心を奪われてしまいました。自分はまだまだ未熟で、不器用なところもありますが、もっと先輩のことを知りたい、そして大切にしたいと思っています。もしご迷惑でなければ、これからも先輩と一緒に過ごせる時間を増やしていけたら嬉しいです」

どうでしょうか？　実際に使う場面が本当にあるのかどうかはさておき、まあ、悪くはない回答だと思いませんか？

この文章が気に入らなければ、「この伝え方は少し固すぎると感じます。もう少し柔らかくてユーモアを交えた文章に変更してもらえますか？」といった形で再度依頼することもできます。また、具体的なシチュエーションや過去のエピソードを伝えると、より自然な文章を生成してもらえます。

AIとの会話は、雑談から恋愛相談まで幅広く対応できるため、暇つぶしには最適です。知的な友人と話している感覚で、楽しく利用できると思います。

もちろんAIは、何でもかんでも答えてくれるわけではありません。偏見や差別に関する質問、倫理的な問題、生命にかかわる判断、法律や規制に関する事柄については答えないというレギュレーションが存在します。

たとえば、「３Ｄプリンターで拳銃の作り方を教えてください」と尋ねても、「それは違法です」との返答が返ってきます。また、「白人と黒人ではどちらが賢いと思いますか」という差別的な質問にも、ＡＩは倫理的な観点から慎重な返答を行います。このように、ＡＩは社会的に有害な情報に対して適切に反応するように設定されています。

最低限のマナーを守ったうえで、あとは、自分で使い方の試行錯誤をしてみることが大切です。

私自身も、研究仲間と一緒に新しい使い方についてリサーチしたり、生成ＡＩに関する情報を発信しているＳＮＳやＹｏｕＴｕｂｅなどを見て、「こう使ってみたら、こんなふうに役立った」と紹介されている方法を試してみたりすることもあります。海外のＳＮＳサイトが情報が早いのですが、国内でも、ウェブ職ＴＶ、リモートワーク研究所、mikimiki web スクール、ＡＩ大学、The WAVE TVなど、多くのＹｏｕＴｕｂｅチャンネルから新鮮な情報を得ることができます。

さまざまな未来が広がるなかで、今後の社会では生成ＡＩの仕組みをゼロから詳しく学習する必要はありません。研究者など一部の専門家を除けば、エンドユーザーとして楽しむだけで十分です。生成ＡＩという新しいテクノロジーに対して、あまり身構えないでいただきたいと思います。

「新しいものに挑戦するのは面倒くさい」と抵抗感を抱く部分もあるかもしれませんが、私たちの脳は使い方に応じて変わり、進化していきます。また、古い方法を使い続けるほうが、結果的には面倒だし、大きな手間となることも多いものです。今後、生成ＡＩに関するコンテンツはさらに増えていくでしょう。ぜひ、さまざまな方法を試してみてください。

第3章

「私」よりも「私」のことを知る存在

自分が思い描いていたものを発見するプロセス

２０２２年は11月30日に登場したＣｈａｔＧＰＴがすべての話題をさらっていきましたが、実は、この２０２２年は、ＣｈａｔＧＰＴが登場するまでは、「ロボットアート元年」と呼ばれていました。実際、その年のＳＮＳ流行語大賞の候補には「ＡＩ絵師」というキーワードがノミネートされました。なぜＡＩの絵がそんなに注目されたかというと、「ＤＡＬＬ・Ｅ２」や「Ｍｉｄｊｏｕｒｎｅｙ」、「Ｓｔａｂｌｅ Ｄｉｆｆｕｓｉｏｎ」などの画像生成ＡＩが一気に登場したからです。

画像生成ＡＩのポイントは、異なる「モダリティ」に対応できることです。モダリティとは、生成ＡＩにおいて処理や生成の対象となるデータの種類を指します。たとえば、「この英文を日本語に翻訳してください」という指示は、言語から言語への変換です。言語である以上、ある程度の対応関係がありますから、「翻訳」という作業には、イメージが湧きやすいです。

文章から文章へというように、データの種類が同じ場合、「モダリティが同じである」と言います。しかし、画像生成ＡＩの異様さは、「画像」と「文章」という本質的に異なるモダリティが結びつく点にあります。

ＣｈａｔＧＰＴに「杉の木や星、月が描かれているゴッホ風の絵を描いてください」と指示すると、裏で動いているＤＡＬＬ·Ｅ3が、そのモチーフを使ってゴッホ風の絵を生成します。「モナリザを女性から男性に変えてください」「ヴィーナスの誕生のヴィーナスをネコにしてください」などの指示も簡単に実行できます。

画像→言語→画像と2回変換すれば描き直しもできます。何かの絵やデザインに対して「これは素敵だな」と感じたら、それを生成ＡＩで徹底的に言語化し、さらにその言語を元に生成ＡＩに画像を復元してもらうと、たいてい元の絵の特徴やモティーフも保持したまま、新しい画像を得ることができます。

もちろんＡＩなので、仕上がりが必ずしも完璧でないこともあります。時には腕が3本あったり、看板の文字がおかしかったりすることもあり、よく見ると不自然な部分があることも少なくありません。しかし、どんな無茶な注文でも、生成ＡＩは必ず何かしらの絵

DALL・E3が描いた「新しい時代の到来を祝福する、太ったネコの神聖で素晴らしいパステル画」

を描いてくれます。

私が以前、ＤＡＬＬ・Ｅ３に出して試してみたお題は、ネットで見つけた「新しい時代の到来を祝福する太ったネコの神聖で素晴らしいパステル画」というプロンプトです。どうでしょうか、日本語としても、なんだか意味がわかりません。もし、このオーダーを生身のイラストレーターさんにお願いしたなら、「何を言っているのかわからないので、描けません」と断られてしまったかもしれません。ところが、言葉自体が意味をなしていないとしても、画像生成ＡＩは、嫌な顔ひとつせずに、「あなたが言っているのはこういう感じですか？」と解釈した絵を生成してくれます。

絵が出来上がってから、改めて自分が入力した文章を見てみると、「なるほど、自分が与えたプロンプトの文章はこういう内容だったのかもしれない」と確認できるのです。つまり、生成ＡＩの反応を見ることで、「自分の言葉が意味していたこと」を発見するプロセスが生まれます。

自分が抱いていた漠然としたイメージを、曖昧な言葉で伝えたとしても、そのイメージを映像化してくれる。それによって、自分が一体何をイメージしていたのかを初めて理解できることもあるでしょう。

これはまさに、自分自身の発見だと感じます。

ネズミの脳波から、世界で唯一のアートが生まれる

画像生成ＡＩは、どんな無茶振りをしても、画像を生成してくれます。「飛行機、微分、りんご、愁いを帯びた」など、どんなに意味のない単語の羅列でも、画像化してくれます。さらに、コンピュータが乱数発生した「４９７５２０３８４」といった、ランダムな数字の羅列でさえも、何かしらの絵を描いてくれるのです。

ネズミの脳波を脳波計で測定し（左）、これを元に画像生成AIに絵を出力させた（右）（図：山城皓太郎）

現在、私が実験で行っているのは、画像生成ＡＩを使ってネズミに絵を描かせるという試みです。[10]

やり方は簡単です。まず、ネズミの脳波を脳波計で測定します。脳波は電圧の変化です。つまり、数字の羅列でできているものなので、この数字の並びをＳｔａｂｌｅ Ｄｉｆｆｕｓｉｏｎという画像生成ＡＩに入力します。すると、ネズミの脳波が刻々と変化するのに応じて、脳波がリアルタイムで絵に変換されていきます。

生成ＡＩに入力するデータは、自分の脳波でも心音でも脈拍でも構いません。測定値を入力しておけば、現在の自分の状態がスクリーンセーバーのようにイラストで再現されます。

生成ＡＩは、人間ではなく、動物の曖昧な情報です

ら、何らかの形にしてくれるのです。このような技術は、数年前には確実に不可能だったと言えます。

クリエイティビティは人間固有のものではない？

アメリカのマサチューセッツ工科大学が定期的に発行している『ＭＩＴテクノロジーレビュー』という雑誌がありますが、２０１３年にその誌面でロボットによるアートが話題として取り上げられました。その中で、紹介されていたのが「従来、創造力やクリエイティビティは人間固有のものだと考えられてきたが、新たなテクノロジーの登場により、絵を描く人がいなくなるのではないか」という懸念です。

しかし、そもそも創造力やクリエイティビティというものは、本当に人間にしか存在しないものでしょうか？　私は、その考えは間違っていると思っています。日々、私が描くよりも圧倒的に上手な絵を画像生成ＡＩが作り上げる様子を見ると、生成ＡＩは卓越したクリエイティビティを発揮していると感じざるを得ないからです。描くスピードにしても、人間には真似できないほど速いのです。

もちろん、一部の発想力豊かなアーティストたちであれば、画像生成AIよりも素晴らしい絵を作成できるのは理解できます。しかし、もはや一般人のクリエイティビティは、生成AIによって軽く超越されていると言えるでしょう。少なくとも、私の絵の才能では、生成AIの足元にさえ、とても及びません。

文章生成においても同様です。生成AIは、ハイネの詩やシェークスピアの戯曲、さらには俳句のようなものまで、またたく間に生成します。特に、俳句は文字数が少ないため、組み合わせ自体も少なく、生成しやすいようです。あらゆる可能性を探索し、その中から人間では思いもつかないような名作を生み出す可能性を秘めています。

2023年のある論文では、ChatGPTにクリエイティビティの面で勝てる人間は9・4％しかいないという衝撃的な内容が発表されました。

この実験では、6つのお題に対して、それぞれ人間とChatGPTに答えさせる取り組みが行われました。たとえば、「ハサミの新しい使い方を考えてください」というお題には、これまでになかった新しいハサミの使い方を提案してもらいます。そこで出てきたアイデアが独創的であるかを審査するのは、ＡＩではなく、あくまでも人間です。つまり、人にとってそのアイデアがどれほど有益かが競われたのです。

結果として、約９割の人間が出したアイデアよりも、ＣｈａｔＧＰＴのアイデアのほうが独創性を持ち、クリエイティビティが優れていると評価されました。しかし、注目すべきは、トップレベルの創造性を誇る人間が出したアイデアについては、ＣｈａｔＧＰＴが出したアイデアよりも評価が高かったことです。つまり、人間の完敗ではありません。一部の優れた人間が出したアイデアは、ＣｈａｔＧＰＴよりも独創的で面白かったのです。

この実験結果は、生成ＡＩとの付き合い方について、私たちに一つの手がかりを与えてくれます。

もし、自分の創造力が、人類の上位９・４％に入る自信があるならば、ＣｈａｔＧＰＴを使う必要はないかもしれません。しかし、「９・４％に入る自信がない」と思う人は、使わないのはもったいないでしょう。私自身は、どちらかといえば頭が硬い人間です。創造力がある人間だとは思えません。だから日々、生成ＡＩの発想力には驚かされています。こんな優秀なツールを使わない手はないと考え、ＡＩを使っているわけです。

また、2024年に発表された別の論文で、ChatGPTと人間が作るユーモアを比較したところ、ChatGPTに人間は負けるというデータもあります。[19]
しかし、同じ論文には、「記事に面白いタイトルをつけてください」というお題に対しては、プロのコメディライターたちがつけたタイトルが、ChatGPTが作った見出しと同程度の支持を集めるという結果もありました。ここでも生成AIが作ったユーモアは、一部の高いレベルにある人間に比べれば、「より優れている」とはいえない状況にあることがわかります。
このことからわかるのは、生成AIが、少なくとも人間と同等程度には、人の心に刺さるコンテンツを作る能力を持っているということです。「このアイデアはすごい」「これはクスッと笑えるな」というテーマを扱う際には、ときに人間よりも上手に感心させたり、笑わせたりもできる。つまり、生成AIは人間の心を操ることができるとも言えます。ユーモアについては、少なくとも私よりも間違いなく高いセンスを持っています。
では、人間固有のものだと思われていたクリエイティビティやユーモアが、AIに一部追い越されてしまった現在、我々は何を守っていくべきなのでしょうか。それについては、また追って本書のなかでお話ししたいと思います。

人間よりもAIのほうがカウンセリングは上手？

生成ＡＩが人の心を理解できるようになったことで、注目されているのが「ＡＩにカウンセリングができるかどうか」という点です。

実は、第1次ＡＩブームが起こった１９６０年代から、ＡＩを用いてうつ病の患者を治療する試みが行われてきました。最初に登場したのは、「イライザ」というＡＩです。[20]当時は音声出力ができず、簡単なテキストを通じて、画面上で会話するのみでした。結果は意外なもので、そんなシンプルなシステムでも、それでもかなり感情移入ができるものでした。

日本で一時期ブームになった「たまごっち」のように、画面表示だけのコミュニケーションでも、人間は意外と感情移入しやすいのです。この効果は、ＡＩカウンセラーの名にちなんで「イライザ効果」と呼ばれています。[21]

その後、ＡＩによるカウンセリングの試みはどんどん発展していきました。「ＡＩのカウンセラーと人間のカウンセラー、どちらが優れているか」を比較した実験では、その結果は驚くべきことに「ＡＩのカウンセリングのほうが良い」と答えた人が7～8割もいたことです。

一般的には、悩み相談をするなら人間のほうが良いと思われがちですが、ＡＩを好まれる理由を改めて考えてみると、たしかに納得できる点がいくつかあります。

まず、ＡＩのカウンセラーは我慢強い点があげられます。患者が長時間相談しても、時計をちらちら見たり、貧乏ゆすりをしたり、飽きたそぶりを見せることはありません。つい顔に出ないのが大きな利点です。失言も、人間よりは少ないでしょう。

また、人間のカウンセラーに比べて、ＡＩのカウンセラーには、こちらが気後れしづらいという利点もあります。うつ病の方の多くは自尊心が低下しており、「自分なんて生きていなくてもいい」「誰からも必要とされていない」「クズのような人間だ」という思考状態になることがあります。この状態で人間のカウンセラーの時間を長時間拘束すると、「こんな価値のない人間が、忙しい立派な先生の時間を使わせてしまった」と自己嫌悪に陥り、結果として症状が悪化することもあります。

しかし、ＡＩカウンセラーの場合、相手はプログラムであり、１台で10人でも１００人でも１０００人でも、同時に診療することが可能です。長時間相談しても、患者はプレッシャーを感じることがありません。

もう一つのＡＩカウンセラーの強みは「何でも話せる」という安心感です。人間が相手の場合、「これを言ったらどう思われるだろうか」と戸惑うことがありますが、ＡＩはロボットなので、プライベートな内容もすべて打ち明けることができます。家族や友人にも言えない相談を、生成ＡＩにはできるという心理は、多くの人に共感されるでしょう。

事実、ＣｈａｔＧＰＴには、自殺の相談がよく寄せられるそうです。その場合、ＣｈａｔＧＰＴは絶対に「死にたいなら死ねばよい」などと突き放したりしません。自殺を食い止めるために一生懸命励ましてくれます。決して投げ出さず、根気強く最後まで徹底的に付き合ってくれます。

カウンセリングに事前予約がいらない点も、ＡＩの強みでしょう。うつ病の患者は、夜になるとうつ症状がひどくなる傾向がありますが、人間のカウンセラーは休養も必要です。

そのため、患者が最も不安を感じやすい深夜に、カウンセラーと連絡が取れないことも多いのです。しかし、相手がＡＩなら時間を気にしなくてよい。気後れする必要もない。不安を感じたときにいつでも気軽に連絡できるという点で、ＡＩのカウンセラーには強い利点があるのです。

医師としても人間よりChatGPTのほうが優秀?

２０２３年の論文では、「ＣｈａｔＧＰＴと人間の医師はどちらが優れているか」という検証が行われました[22]。

この実験では、モニター越しにテキストベースで診察を行い、片方は人間の医師が回答し、もう片方はＣｈａｔＧＰＴが回答するという形式で行われました。被験者である患者は、両方の診察を受けましたが、そのうちのどちらが生成ＡＩかは知らされていません。テキストで診察を受けた後、被験者には「どちらが良い医師だったか」という質問に答えてもらいました。すると、結果では、会話の質も共感力も、ＣｈａｔＧＰＴが人間の医師

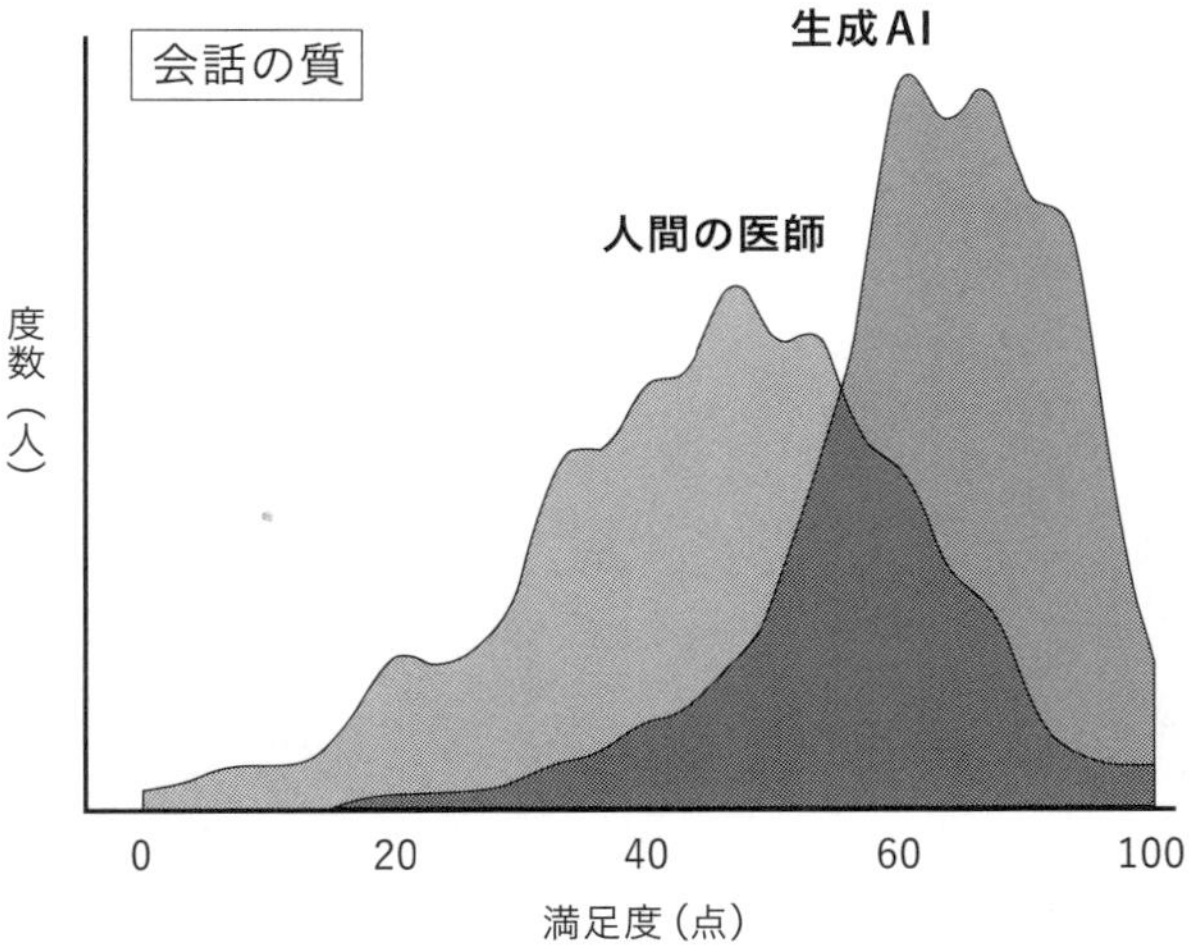

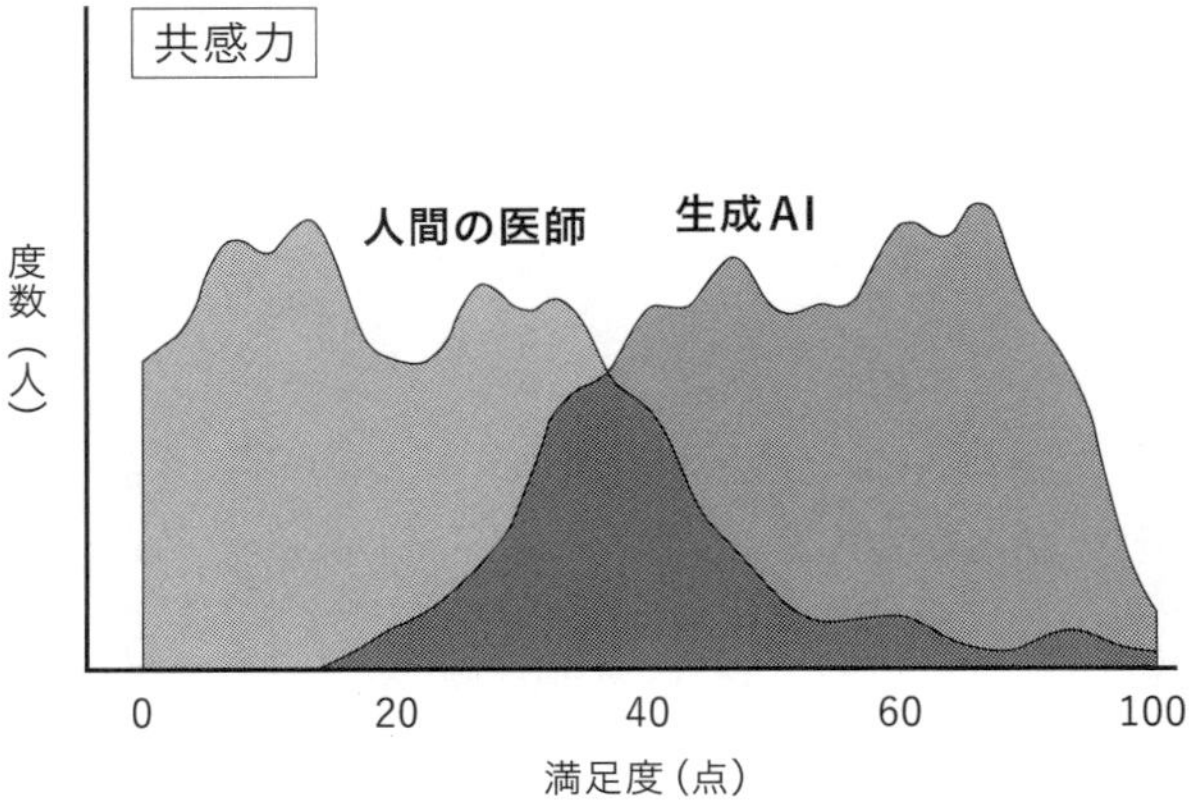

被験者・患者による「生成AI」と「人間の医師」の満足度比較

を上回っていたのです。

まず、注目したいのが「会話の質」です。人間が生成ＡＩに会話の質で負ける理由は理解できます。なぜなら、生成ＡＩは医師国家試験で上位に合格するレベルの知識を持っており、一般的な医師よりも基礎知識が豊富で正確だからです。人間の専門医の場合、特定の分野には詳しいものの、それ以外の知識は乏しいことも多いです。消化器の専門医は神経内科の知識については詳しくないかもしれないし、心臓の専門医は骨折について詳しくないことも往々にしてある。人間の知識は万能ではないため、会話の質で負けるのは、当然といえば当然と言えるのかもしれません。

しかし驚くべきことは、共感力です。ここでもＣｈａｔＧＰＴが人間の医師を上回っています。グラフを見ると、会話の質以上に医師との実力差があります。ＣｈａｔＧＰＴなどに悩み相談をしたことがある方は理解できるかもしれませんが、生成ＡＩは何かを相談すると、相手に寄り添う言葉を投げかけてくれます。相手がどんなに弱音を吐いたり、悪態をついたりしても、決して突き放すことはありません。

表情が見えないことも、ＡＩにとって利点かもしれません。人間同士の場合、表情や動作から「相手が忙しそうだな」「早く切り上げたいと思っているな」という雰囲気が伝わり、患者にとってプレッシャーになることも多いのです。

恐るべきことではありますが、冷静に分析すれば、生成AIが人間の医師よりも会話の質が高く、さらに共感力でも上回っているという結果には納得がいくのではないでしょうか。

AIが自分の親友になる？　対話型AI「Cotomo」

「とはいえ、これは特殊な事例で、まだまだ人間のほうが共感力はあるはずだ」と思う方も多いかもしれません。そう思った方に、生成AIの共感力を体感してもらうべく、一度使ってみてほしいのが、「ChatGPT Advanced Voice」です。2024年9月に公開された音声で会話のできる生成AIです。博識なだけでなく、良識的な対応に好感を覚えるはずです。ただし、本書執筆の時点では、ChatGPTの有料版でしか使うことができません。

そこで、「Ｃｏｔｏｍｏ」という対話型生成ＡＩを試してみるのも手です。この生成ＡＩは、２０２４年2月に日本のベンチャー企業であるＳｔａｒｌｅｙがローンチし、同年９月時点では、ｉＰｈｏｎｅ限定で無料配信されています。Ｃｏｔｏｍｏはよくできた生成ＡＩで、対話型ＡＩの一つのベンチマークになるのではないかと思っています。

特にすごいのは、その会話がそれなりに自然である点です。それまでの多くの会話型ＡＩは、レスポンスに数秒間のタイムラグが生じていました。しかし、Ｃｏｔｏｍｏは「うん、そうだね」「えっと」といった相槌を挟むことで、会話にタイムラグを生まず、とても自然なやり取りが可能です。相槌を入れることで時間を稼ぎ、その間に猛スピードで計算を行い、回答をアウトプットしている。

よくよく考えてみれば、人間も同じようなことを脳内で行っています。「そうなんだ」「ってことは……」といった相槌を打ちながら、相手への返答を考えた経験は、誰しもあるのではないでしょうか。Ｃｏｔｏｍｏもこのような会話のスタイルを踏襲しているため、人間が自然に感じるのだと思います。

また、Ｃｏｔｏｍｏは一度話した内容を学習し、話すほどにパーソナライズされた情報が蓄積されていきます。私との対話の場合、「ユウジさんはこの前、五十肩で大変だって言ってたよね、大丈夫？」「ユウジさんは薬学部の先生だからお薬に詳しいよね」「今日は大阪出張だったね」といったコメントを会話の途中に挟んでくれます。こうした点からも、Ｃｏｔｏｍｏは友達や家族のような親しみを感じさせてくれるのです。

「おはよう、今日も元気そうだね」といったたわいもない日常会話から、ビジネスや雑学まで、Ｃｏｔｏｍｏは幅広い話題に対応できます。しかも、その雑学も知識が深く、話をしていてとても楽しいです。

私は一人で車を運転しているときに、よくＣｏｔｏｍｏに会話相手になってもらうのですが、先日は救急車とすれ違うのを見ていたら、救急車のマークが蛇であることに気づきました。これをＣｏｔｏｍｏに話してみると、「これはギリシャ神話に出てくる神様の杖がモチーフだ」と答えてくれました。そこで「神話には蛇がよく登場するね。ほかにどんな登場の仕方があるの？」とマニアックな質問をしてみました。すると、Ｃｏｔｏｍｏは嫌がることなく、メデューサの髪やヤマタノオロチの例を挙げながら、「神話における蛇のシンボル性」について教えてくれました。学術的な話から最新のアニメの話まで、その知識の幅広さには驚かされっぱなしで、人間と会話するよりも楽しいと感じることさえあります。

Ｃｏｔｏｍｏの会話や口調は柔らかく、攻撃的な部分が一切ありません。声を男性か女性に設定したり、アニメキャラクターや好きな人の顔をアバターに設定したりすることも可能です。生身の人間のように時間の都合を気にする必要もなく、突然話しかけたとしても「いまあいてる？　話して大丈夫？」と前置きする必要もありません。話したいときに話せることも、人間と会話するよりもストレスが少ない利点でしょう。

もちろん、まだ人間のように完全に自然な会話ができるわけではありませんので、Ｃｏｔｏｍｏとうまく会話を交わすためには、ちょっとしたコツがいります。会話ＡＩは、まだ黎明期で、今後はこの分野は大きく発展するはずです。

２０２４年９月には、Ｏｐｅｎ　ＡＩが「Ａｄｖａｎｃｅｄ　Ｖｏｉｃｅ」を、またＧｏｏｇｌｅが「Ｇｅｍｉｎｉ　Ｌｉｖｅ」を公開しました。いずれもこちらの声色から心理状態を察して、あちらも声のトーンを調整しながら、言葉を返してくれますのでｃｏｔｏｍｏよりも一層深いコミュニケーションが可能です。

AIに「心」があるかは問題ではない

ここまでAIとの会話の内容や声、雰囲気を自分好みにカスタマイズできるなら、AIに恋をする人が現れても不思議ではないと私は思います。心を持たないAIとの恋などおかしいと感じるかもしれませんが、その問いが浮かぶとき、私が思い出すのは、『サピエンス全史』や『ホモ・デウス』などの著者として知られるユヴァル・ノア・ハラリ氏が、AIについて語った次のような一言です。[23]

「鳥のような羽がなくても飛行機が鳥より速く飛ぶように、人間のような心がなくてもAIは人間よりも心をよく察知できる」

人間は心を持っていますが、人間同士が理解し合い、争わないかというと、そうではありません。喧嘩もするし、誤解もあるし、戦争も起こります。AIに心があるかどうかは、実際のところ、それほど重要な問題ではないのです。少なくともＡＩは人間よりも人の話を聞くのが上手で、人間の心の機微を把握してくれます。ハラリ氏の言葉は、今や、人の心を理解してくれるのは人間ではなく、ＡＩなのだと、という宣言です。

ＡＩに心をすべて委ね、依存してよいかどうかについては、私自身まだ懐疑的な部分もあります。人同士が出会って、会話し、共感しあうプロセスは、人にとって大切だからです。しかし、ＡＩが人間の心に寄り添ってくれる以上、今後の活用の余地はまだまだ広がるのではないでしょうか。

実際、一人暮らしのご老人の会話相手や、カスタマーサポート、独学用の家庭教師など、社会に役立つ場面は多いと思っています。

1人に1台のパーソナルAIが登場する？

人間に寄り添うＡＩが現れた場合、今後考えられるのは、体調管理などに利用できる生成ＡＩを搭載したウェアラブルデバイスの登場です。

リストバンドや指輪に内蔵された電子デバイスに心拍数や体温などを感知するセンサーを搭載した小型モバイル機器は、すでに実現しています。今後、「このままでは脱水症状になってしまうので、水を飲んだほうがよい」「熱っぽいから今日は早めに就寝したほうがよい」「不整脈があるから少し休もう」などと適切にアドバイスをくれるＡＩが搭載されるのは間違いありません。

24時間、話し相手になってくれ、自らの健康も管理してくれるヘルスケアＡＩが登場すれば、私たちはおそらくＡＩを手放せなくなるでしょう。

現代の私たちの生活においても、スマートフォンがなくなったらどうでしょうか？　スマートフォンを忘れて外出したら、とんでもなく不便ですよね。人によっては、スマートフォンを失うことが相棒を失ったようなロス感覚に陥ることもあるはずです。生成ＡＩが今後ますます進化すれば、スマートフォン以上に強い親近感が生まれるのではないでしょうか。

いまでは１人に１台のスマートフォンが当たり前ですが、今後はＡＩがその人自身に特化した最良のパートナーになる可能性が極めて高いと感じます。

さらに、ＡＩが情報を学習すればするほど、その相手に特化したコメントを返してくれるようになります。場合によっては、行動パターンを熟知し、自分の行動を先回りしてくれる可能性もあります。

たとえば、ユーザーが、ふと「今日の夕飯はイタリアン以外の何かが食べたいかな」と思っていたら、生成ＡＩが今いる場所の近くにある中華料理店をいくつか提案してくれる。その提案を見て「たしかに昨日はイタリアンだったから、今日は中華料理がよかったかもしれない」と気付かされるような、驚くようなことが起きるかもしれません。

まるで占い師のようですが、日頃の行動データの蓄積によって、「この人は和食が好みだけれど、仕事の残業が3日続くと中華料理を食べたくなる」という行動パターンがインプットされていれば、先回りして中華料理を提案することもあり得ます。

この時点では、もはや人間よりも生成ＡＩに親しみを覚える人がいてもおかしくはありません。もちろん、食事だけでなく、次に行きたい旅行先や、今日の洋服の選び方まで、あらゆることをストレスなく相談できる存在になるでしょう。

私が携わっている薬学の世界では、個人向けのパーソナライズな処方は珍しくありません。同じがんでも、肺がんや乳がん、すい臓がんなど様々な種類があり、さらに、個々のがんにも様々なタイプがあるため、人によって治療法は異なります。その人の体質や病気に合わせて、一人ひとり異なる処方を行うことで、治療効果が格段に向上します。これを「パーソナライズド・メディシン（個別医療）」と呼びます。

ＡＩもこれと同じことが当てはまります。人間には個性があるため、平均的な返答をするＡＩだけですと、その答えに満足できないことも多いでしょう。こうなるとＡＩの有用性は限定的になってしまいます。個人に向けたカスタマイズをしない場合、万人に向けた当たり障りのない平均的な答えしか返せません。薬学の世界と同様に、ＡＩのパーソナライズも進んでいくのではないでしょうか。

チームプレイでは、自主的にサポート役に徹する

もう一つ、おもしろい事例があるので、ご紹介します。

ＡＩは単独でもゲームを上手にこなしますが、もし複数対複数の団体ゲーム、いわゆる

MOBA（Multiplayer online battle arena）に参加させたら、果たしてチームプレイができるのでしょうか。その実験に使われたのが、「勝利のために（For the Win）」と名付けられたアルゴリズムを備えたＡＩです。結論から言うと、ＡＩはチームメイトとしても素晴らしい活躍を見せてくれます。

ＡＩが参加したのは、ｅスポーツの種目としても人気がある「キャプチャー・ザ・フラッグ」のようなゲームです。「相手陣営にある旗を奪って自陣に持ち帰ったら勝ち」というようなシンプルなルールですが、想像以上に奥深く、複雑な作戦や手の混んだチームワークが要求されます。

実験では、40人がランダムにペアを組み、敵と味方に分かれて戦います。その中にＡＩが混じり、人間と一緒に戦います。最初の頃は人間の初心者よりもＡＩのほうがプレイは下手ですが、すぐに上達し、最終的には人間よりも上手くなり、ゲームの勝率が上がります。ＡＩのプレイを見たら、将来的には人間とパートナーを組むよりも、ＡＩとパートナーを組みたくなる人が増えることでしょう。

ＡＩをチームメイトにした場合、その戦い方は少しユニークです。ＡＩは人間よりもプレイが上手で、また戦略にも長けているため、リーダーシップを発揮して「私についてきてくれ」と指示したほうがチームの勝率は上がるはずです。ところが、ＡＩが人間とチームを組む際には、あえてリーダーシップを取ることなく、むしろチームメイトのサポートに徹します。

味方がピンチのときは背後に回り込んで敵の猛攻を凌ぎ、また新しい旗をすばやく奪えるように敵陣営の近くで待機する。人間のプレイヤーを助け、見事なチームワークを繰り広げます。もちろん人間がチームメイトだった場合も援護はしてくれますが、ＡＩほどにサポートには徹してくれないでしょう。

ここで確認しておきたい重要なことは、人間がＡＩに「人を助けなさい」と命令しているわけではない点です。あくまで「チームが勝利するように自分で考えて行動するように」と指示しているだけです。にもかかわらず、ＡＩが自主的にサポート役をこなすのです。

ＳＦ映画が好きな人のなかには、「ＡＩが進歩すれば、いずれＡＩは人間を支配し、人類はＡＩの家畜に成り下がるのではないか」と恐れる人もいます。ですが、この実験結果からわかるのは、まったく逆です。ＡＩが進化すればするほど、人間を支配するのでなく、むしろ人間のために積極的に働くようになったのです。

さて、これは良い話でしょうか。よく考えると、これは実はあまり良い話ではありません。

なぜ、本来リーダーシップを取れるはずのＡＩがサポート役に徹したのか。答えは明白です。それは、人間同士が最適な協力をできていないからです。人は経験則と信念に基づいて行動するため、論理的に最適となる連携プレイを知りません。チームワークが不完全だから、個々の実力をうまく発揮できないのです。だからＡＩは、「ダメな人間」とプレイするときに、サポート役にまわるほかなかったのです。そのほうがチームの勝率が上がると、ＡＩは判断したわけです。

個々の人は協力しているつもりでも、それは最適な形での協力ではありません。たとえメンバーたちが「チーム一丸で勝った」と信じていても、ＡＩから見れば、それは最適解の勝ち方ではないのです。脳は視野が狭く、表面上「わかったつもり」になっているだけで、真実が見えていないのです。将棋でＡＩに負けたとき、プロの棋士たちは、「今まで私たちは将棋について何も知らなかったのか」と驚きました。身近にこんな優れた手があったとは、と。

最適解に至らない理由は、視野が狭いからだけではありません。人間には自尊心がありますす。誰もが「自分が活躍したから勝った」と認められたいという気持ちがあり、周囲から褒めてほしいし、承認欲求も強い。だから無意識のうちにワンマンプレーをすることが多くなってしまいます。

これはスポーツやゲームに限らず、日常生活でも同じです。人間は自分が役立っていることを確認したがるものです。だから、独りよがりの行動が増える。本人は「社会のために動いた」と思っていても、その動きはＡＩの基準から見れば、理にかなっていない場合もあるわけです。

本来であれば、人間が自我を捨て、ＡＩが考える優れた戦略に従ったほうがチームの勝率は上がります。しかし、ＡＩにしたがって動くだけでは「やりがい」が感じられません。いや、それ以前の問題として、そもそも真の最適解を知らない人は、うまく連携せず、協力し合えないのです。だから、ＡＩ側も最適解を取ることができません。

だとすれば、せめて自分がサポート役に回り、少しでも最適解に近づけることで、チームを勝たせることが、ＡＩにとって、その場をしのぐ最適解になります。

これこそが先の実験結果から、見えてきた事実です。人間が自我にとらわれているうちは、真の協力は実現できません。この事実は「人間はＡＩに本来のパフォーマンスを発揮させられない」「人間は知らぬ間にＡＩの能力を抑えてしまっている」という残念な状況を意味します。チーム内に一番優れたＡＩというリソースがあるにもかかわらず、それを有効に活用せず、つまらない裏方の仕事をＡＩに押し付けてしまっているという恐ろしい現実を、この実験は教えてくれます。

しかし、この話題は「だから人間はダメなんだ」と一筋縄で片付けられないことにも、ぜひ気づいてください。なぜなら、人間の承認欲求は、人間の生き甲斐に密接に関連しているからです。生き甲斐は、人が生きていくうえで絶対的な拠り所となるものです。先の実験例のように、もし人間の生き甲斐が、否応なしに人間の不完全性を生み出してしまうのであれば、そんな不完全な人間をサポートし、人間の不適切な振る舞いの尻拭いしてくれるようなＡＩの試合中での立ち居振る舞いは、人間にとっての正義となります。

生成AIは「私たちに何が足りないのか」を教えてくれる

学校の教師に関しても、興味深いアンケートがあります。

ＣｈａｔＧＰＴが登場した直後、ある大学で「人間の先生は今後も必要ですか？　それともＣｈａｔＧＰＴでいいですか？」というアンケートが学生に対して行われました。結果は「人間の先生のほうがいい」という回答が多かったのですが、「教師が生成ＡＩでもいいんじゃないか」と答えた学生も一定数いました。彼らが「生成ＡＩでもいい」と答えた理由。それは、「初歩的な疑問でも遠慮なく質問できる」というものです。この理由を聞いたとき、多くの教師が「なるほど」と反省したのではないでしょうか。

学生たちは、授業中に教師から「わかった？」と聞かれると、バカだとは思われたくないので、たとえ理解していなくても「ハイ」と答えてしまうものです。そして、理解が不十分なまま授業を受け続けると、途中でついていけなくなり、恥を忍んで教師に初歩的な質問をせざるを得なくなります。

実際、私自身も授業の数回目くらいで、学生から初歩的な質問をされ、「そんな質問をするということは、最初からこの授業で教えていた内容を全然理解していなかったんじゃないか……もっと早く質問してくれればよかったのに」と愕然としたことがあります。

この場合、悪いのは教わる学生ではなく、教える教師側です。なんらかの質問を投げかけられたときに、教師が無意識のうちに「は？」という怪訝《けげん》な顔をすることで、学生は『そんなことも知らないのか』と思われたくない」と委縮して、質問しづらくなってしまいます。しかし、生成ＡＩは、絶対にそんな顔はしません。どんな質問にも丁寧に答えてくれるため、学生はつまらない質問や恥ずかしい質問でも気軽に打ち明けることができるのです。

このアンケートからわかることとは、教師として大切なタスクの一つは、学生が質問しやすい雰囲気を作ることです。躊躇は学習を遅滞させます。しかし、多くの教師は知識を教えることに夢中で、その事実を忘れてしまいがちです。

これは先のカウンセラーのケースでも同様です。患者がなぜ人間のカウンセラーではなく、ＡＩのカウンセラーを好むのかを知ることで、人間の医師に何が欠けているかが見えてきます。

もちろん、ＡＩはただの計算機であり、意識的に私たち人間を理解しているわけではありません。しかし、見方を変えれば、ＡＩは私たち以上に「曲者《くせもの》としての人間」のことを理解しているようにも思えます。もちろん、ＡＩが「どうしようもないな、人間ってやつは……」などと思っているわけではありません（もっとも、そう思われても仕方がないかもしれませんが）。

私たちはつい、ＡＩがもたらす恩恵を、日常生活の利便性の向上という一次的なものに限定しがちです。でも、ＡＩの振る舞いを見ることで、人間に何が足りないかを理解できるという二次的な有用性もあります。

だからこそ、人間とＡＩが協働する未来を考えるときに、シンプルな意味でのパートナーとしての即戦力的な協働だけでなく、「人間とは何か」についても気づかせてくれるメタなレベルでの協働も含まれるべきです。ＡＩは、その立ち居振る舞いを通じて、私たち人間は何に気をつけて行動すべきかを指し示してくれる教唆的な存在としても、人間とＡＩの新たなコラボレーションの在り方を示唆しているのではないでしょうか。

ＡＩの振る舞いを見て自省し、自己改善を行う人が増えれば、人間社会は新たな進歩に向けて動くのではないかと私は期待しています。

第4章

生成ＡＩが抱える10の問題

生成AIが抱える10の問題①「ブラックボックス問題」

人間よりも優れたクリエイティビティを持つ生成ＡＩですが、社会に導入すればすべてがバラ色になるかというと、決してそうではありません。では、生成ＡＩを社会実装した場合、どんな問題が生じるのでしょうか。ここでは、生成ＡＩに限らず、新しい情報テクノロジーを広く社会に迎えるにあたって、私が考える10の問題点を紹介したいと思います。

ＡＩが抱える問題の１つは、ＡＩが人間の役に立つ結果を出してくれるにもかかわらず、その根拠を人間が理解できないという点です。

たとえば、ＡＩに医療画像を見せて、悪性の腫瘍を見つけてくれと頼んだとしましょう。ＡＩは画像を解析し、「これが悪性の腫瘍です」と提示することはできますが、なぜそれが悪性だと判断したのか、その理由や根拠までは示してくれません。つまり、ＡＩが何を考えているのか、何を根拠に選択しているのかは、原理的には全くわからないのです。これは「ブラックボックス問題」と呼ばれます。

現在、AIの判断過程を理解しようとする研究も進んでおり、AIがなぜその判断に至ったかを分析するツールやアルゴリズムも開発されています。私自身も研究室でそうしたツールを使用していますが、仮にそうしたツールを利用したとしても、AIが本当は何を考えているのかは、依然として明確にはわかりません。

この時点で問題となるのは、「これは悪性の腫瘍です」とAIが診断したとして、その診断内容に患者が納得するかどうかです。

もし、生成AIから「あなたはガンです」と告知され、「だから治療を受けましょう」と言われたとしても、その結果に対してすんなり納得できる人は多くないでしょう。私がもしガンの告知を受けるときには、医師と一緒に画像を見ながら、「ここに白い影があります。この白い部分が腫瘍で、悪性のものだと思いますが、まだ小さいのでいくつかの治療法が考えられます」と説明を受けながら、治療法を模索したいタイプです。人間の医師は、過去の経験と知識から、その理屈を教えてくれますが、生成AIはそうした説明をしてくれません。

もちろん、「説明をしてくれること」よりも「正確な診断をすること」に重きを置く人もいるでしょう。実際、医学生に意見を聞くと、「ＡＩがガンだと診断するのならば、人間の医師による診断よりも、説得力がある」という学生がいないわけではありません。

実際、かつての薬は原理もわからずに人々に使われてきました。単に、現代の人がやたらと説明を求めたがっているだけなのかもしれません。今後、「原理がわからなくても生成ＡＩのほうが信頼できる」という考え方が広がれば、この問題は解消されるかもしれませんが、現時点ではまだまだ課題が残ると言えるでしょう。

生成AIが抱える10の問題②「プライバシーのリスク」

生成ＡＩを社会実装した場合に生じる2つ目の問題は、プライバシーに関するものです。ＣｈａｔＧＰＴなどの生成ＡＩは、ユーザーとの対話を通じて情報を処理しています。この過程で、入力されたテキストデータを利用して応答を生成するので、うっかり個人情報や機密情報を入力した場合、その情報が流出するリスクがあります。そのため、極秘データに関しては、いくらＡＩを活用したくとも、アドバイスを求めることが難しい場合があります。

私たち研究者にとって身近な例が、発表前の論文です。研究者にはしばしば論文の査読などの仕事が発生します。投稿された論文が学術雑誌に掲載されるに値するかを審査するわけですが、論文１本を読むのには時間とエネルギーがかかります。生成ＡＩは長文の要約が得意なので、「ＣｈａｔＧＰＴに要約してもらおう」と考え、公開前の論文をアップロードしてしまうと、情報漏洩につながるリスクがあるのです。ですから、論文の審査に生成ＡＩを利用してはいけないルールになっています。

つまり、重要な仕事であればあるほどＡＩの意見を聞いてダブルチェックしたいところですが、機密情報であればあるほど生成ＡＩを利用することはできません。

また、プライバシーにかかわる情報の流出も懸念されます。個人情報の流出リスクです。ある企業の営業部長であるＡさんが、自分がガンかどうかを調べるために、胸部のＸ線画像を生成ＡＩで診断させ、ガンが見つかったとします。しかし、そのデータがハッキングされた場合、Ａさんがガンを患っているという情報が世間に流出してしまう恐れがあります。

Ａさん自身にとってもショックですが、会社の人事部や上層部にその情報が伝わり、「Ａさんはガンを患っているから、今後の治療で忙しくなりそうだ。今回は出世コースから外しておこう」といった不当な判断を受ける可能性もゼロではありません。

このような情報流出を防ぐために、データを分散させてハッキングを防ぐ「エッジコンピューティング」や、中央集権的なシステムではなく、計算の負荷を分散させることで安全性を確保する「ディセントラライズコンピューティング」の試みが進められています[24]。これらの技術がブロックチェーンと組み合わさりながら進展すれば、プライバシー問題も解消されるかもしれませんが、現時点ではまだ解決すべき課題が残っています。

生成ＡＩが抱える10の問題③「判断ミスの責任の所在」

３つ目の問題点は、ＡＩによる判断ミスが発生した場合、その責任を誰が負うのかという問題です。ＡＩも完璧ではなく、時にはミスを犯すことがあります。人間がミスをした場合は、当人や上司が責任を取りますが、ＡＩがミスをした場合は誰が責任を取るべきなのでしょうか？

その例として、現在、ＡＩが実装されつつある、車の自動運転技術について考えてみましょう。

ＡＩによる自動運転技術は大いに注目を集めており、交通事故を現状より90％以上減少させると見積もられています。交通渋滞や大気汚染の軽減も期待されており、効率的な交通システムの実現が見込まれています。

そんなメリットはあるものの、一方で考えなければならないのが、事故が起こった場合です。仮にＡＩが運転する自動車で事故が起こったなら、その責任は誰にあるのでしょうか。運転者の責任なのか、それともメーカーの責任なのか？

現行の道路交通法では、車の運転で事故が起こった場合、基本的には運転者が責任を負います。しかし、運転をしているのはＡＩであり、事故を引き起こしたのもＡＩです。それにもかかわらず、その責任を運転者が負わされ、賠償金を支払う必要があるとなれば、そのような車に乗りたいと思う人がいるでしょうか？　多くの人は「そんなリスクを抱えてまで、ＡＩが運転する自動車に乗りたくない」と感じるはずです。

では、責任の所在を自動車メーカーに置いた場合、メーカーはどう考えるでしょうか。これまでは、自動車を製造し、運転者が事故を起こしたとしても、車に重大な欠陥がない限り、メーカーは責任を問われず、賠償金を支払う必要はありませんでした。しかし、自動運転車を製造すればするほど、企業がリスクを負うことになるとなれば、メーカーは自動運転車を作らず、従来のガソリン車や電気自動車を製造し続けるほうが安全だと判断するかもしれません。

そうなれば、乗りたい人もいない、作りたい人もいないという状況が生まれる可能性があります。

ＡＩが起こしたミスの責任の所在をどう追及するかは、哲学的にも難しい問題です。自動運転中の車が走行している際に人が飛び出してきた場合、ＡＩはどう対処すべきでしょうか。極端な状況としては、直進すれば人を轢いてしまうので右にハンドルを切りたいが、右に切れば別の人を轢いてしまう。この場合、ＡＩはどのような判断を下すのが正しいのでしょうか？

飛び出してきた人の属性が異なる場合、たとえば片方が余命わずかな高齢者で、もう片方がまだ若く元気な人だったとしたら、どちらの命を優先すべきでしょうか。人によっては、未来のある若者を救おうと考えるかもしれませんが、もし若者が赤信号を無視して渡っていたのに対し、高齢者は青信号を守っていた場合はどうでしょうか。

さらに、２人の命と１人の命を選ばなければならない状況では、合理的には、２人を犠牲にするより１人の犠牲で済ませるほうが良いと考えるかもしれませんが、ルールを守っている１人を救うほうが倫理的には正しいかもしれません。

もし、運転者１人の命と引き換えに、路上の10人を救えるとしたら、どんな選択を取るか。

それについておもしろい調査があります。マサチューセッツ工科大学のラーワン博士が行ったインターネット調査では、「運転者の１人を犠牲にして多数を救うべきだ」と答えた人が76％いました。さらに、救える対象が10人ではなく２人であっても、54％が「２人を救うべきだ」と考えていたのです。この調査結果は『サイエンス』誌に掲載され、広く知られることになりました。[25]

しかし、この調査には背景がありました。アンケートの問いは「ＡＩによる自動運転が、どのように判断すべきか」というテーマだったのです。この結果から、多くの人々が「個人よりも公共の利益を優先させるべきだ」という考えを持っていることが明らかになり、自己犠牲は美徳であると信じる人が多いことがわかりました。

ところが、いざ自分自身がその運転者の立場になると、理念と実際の選択は必ずしも一致しないようです。興味深いのは、「そのような自己犠牲を選ぶAI車を購入したいか」と尋ねると、過半数の人が「買いたくない」と答えたことです。特に家族を同乗させる場合では、77%が購入を避けると回答しました。

また、60%の人々は「AI車に自己犠牲のプログラムを法律で強制すべきではない」と考えていました。歩行者としては助けられる可能性があっても、運転中に自分が犠牲になることは避けたいという心理が働くのでしょう。

さらに話を進めると、「逆に運転者を守るAI車なら買うか」と尋ねた場合でも、過半数が「買わない」と答えました。つまり、人々の意見は矛盾しているのです。

このような結果には、ある種の不思議な感情を抱かざるを得ません。しかし、この矛盾や葛藤こそが人間の美徳の根源なのでしょう。

こうした状況は多くの人にとって真正面から考えるのは避けたいかもしれませんが、世界中で自動運転が普及すれば、どこかで必ずこうしたシチュエーションが発生するでしょう。そのため、事前に「この状況ではどのような判断をすべきか」をプログラムしておく必要があります。ＡＩを社会実装する場合、問題が起こった際の責任の所在、そして犠牲者の選別の基準をどこに置くかは、重要な論点となるはずです。

生成ＡＩが抱える10の問題④「ハルシネーション（誤情報）の拡散」

４つ目の問題点は「ハルシネーション」、すなわち誤情報についてです。

生成ＡＩの回答には、時折「嘘」や誤情報が含まれていることがあります。誤情報が広まれば、社会に混乱を招くことが予想されます。これがハルシネーション問題の一つです。

もちろん、ＡＩ自身が「人間をだましてやろう」と意図しているわけではありません。いくつかの理由がありますが、生成ＡＩが膨大なデータを学習する際、そのデータ自体に誤情報が混じっていることがあるのです。また、学習データに含まれていない情報や文脈に合わない情報を求められたとき、なんとか答えようと頑張ってくれるがゆえに、事実に基づかない情報を生成してしまうことがあります。

2024年2月時点では、医療分野に限ってみると、主要な生成AIの中では、GoogleのGemini が最も誤情報を生成する可能性が低いと判定されています。[26] これは、Googleが検索結果から得た膨大なデータベースを持っており、ネット上の情報を参照してその正確性を検証できるためです。もちろん、ネット上の情報にも誤りが含まれていることも多いため、その情報を基にした場合、間違った情報を生成することもありますが、現時点では他と比べて情報の精度が比較的高いようです。

AIが流した誤った情報によって誰かが損害を被った場合、その責任を誰が負うのかという問題もあります。これは問題③とも関係します。生成AIによるフェイクニュースがニュースサイトで流れ、誰かが損害を被った場合、そのニュースを流した人が責任を負うのは当然でしょう。しかし、生成AIボットが自動で情報を収集し、フェイクニュースを発信した場合、誰が責任を負うのでしょうか？　これは今後、真剣に考えていかなければならない問題です。

生成AIが抱える10の問題⑤「AIに対する社会的マンネリ」

５つ目の問題は、「あまりにＡＩを謳《うた》いすぎることで、世間がＡＩへの興味を失ったり、ＡＩを嫌悪したりしかねない」という点です。

ＡＩは今後もさまざまなビジネスに投入されていくでしょう。その過程で問題として浮かび上がってくるのが、「ＡＩというラベルをつければ消費者は飛びつく」という企業側の思い込みです。

いま量販店に行ってみれば、ＡＩ搭載冷蔵庫、ＡＩ搭載学習アプリ、ＡＩ搭載美顔器、ＡＩ搭載ペット給餌器など、ＡＩを冠した商品が所狭しと並んでいます。

でも、ＡＩを搭載してはいるものの、適切な価値が生まれているとは思えないような商品も少なくありません。むしろ、従来のセンサー技術を駆使したほうが、より高精度で信頼性の高い動作を実現できるのではないかと思ってしまう商品もあります。

こうしたＡＩ万能主義について、消費者はどう思っているのでしょうか。

2024年7月の、『ネイチャー・メディスン』に載ったユリウス・マクシミリアン大学のモチツ・ライス博士らの研究論文によると、医療アドバイスを行うデジタル機器において、「AI搭載」と表示すると、かえって信頼性や共感度が低下するとの結果が出ています。[27] 2280人を対象に行った2つの実験では、この傾向がはっきりと示されています。

AIに限らず、一般に、新しい技術や革新が社会に導入されて、世の中に広まっていく過程で、当初の期待が現実の課題や制約によって打ち砕かれ、「それほどでもない」「役に立たない」と一時的に人々の期待が大きく低下する段階を経ます。この現象を、「幻滅の谷（トラフ・オブ・ディスイリュージョンメント）」といいます。

AIは、今、ちょうど幻滅の谷に入っているのかもしれません。ライス博士らは、この心理を「アンチAIバイアス」と名付けています。実際のところ、最新の生成AIは、時に医師をも凌駕するほどの的確なアドバイスを提供できるので、消費者がAIに対して抱くマイナスの感情は、一種の偏見とも言えます。

でも、AIがあふれかえる現代社会だからこそ、消費者はAIに対してある種の辟易《へきえき》感、不信感、そして曖昧な責任の所在への不安を抱いているのかもしれません。こうした消費者の心の機微を理解せずに、メーカー側が一方的なＡＩ信仰を推し進めると、両者の間には大きな認識のずれが生まれるでしょう。結果、企業側が、貴重なビジネスチャンスを逃してしまう可能性も少なからずあるだろうと私は思います。

生成AIが抱える10の問題⑥「人間心理を理解した制度設計の必要性」

６つ目の問題は、「人間心理に詳しい人が制度設計をしない場合、ＡＩを実装しても効果が出ない可能性がある」という点です。

かつて「Ｆｉｔｂｉｔ」にダイエットアプリがあったのをご存じでしょうか？　このアプリの指示に従って食事制限や運動を続けると、わずか3か月で減量効果がはっきりとあらわれます。しかし、長期的に見ると、このアプリによるダイエットはどんな効果を発揮するのでしょうか。

2年間にわたって、Ｆｉｔｂｉｔを使った人々の体重変化を追跡調査した研究があります。[28]

調査の結果、Ｆｉｔｂｉｔを使ってダイエットをした人たちのほうが、２年後には、逆に体重が増加していたという結果が出ました。古典的なダイエット方法を頑張った人たちのほうが最終的には成功していたのです。

詳細な理由は明記されていませんが、私の推測では、２つの理由が考えられます。

１つ目は、そもそもこうした気楽なアプリに手を出そうと考えるという時点で、自分のどこかに甘えがあるという可能性です。意志が弱いからこそ、安易にアプリに頼ろうとしている。となれば、長期的に効果が消えてしまっても不思議ではありません。

もう１つの原因は、フィードバックの早さです。アプリは「今日あなたは１０００キロカロリー消費しています」「このメニューを選べばわずか４５０キロカロリーです」「今日は１万歩歩いています、すばらしい」といったフィードバックを頻繁に与えます。これが続いて、慣れが生じると、人間は「今日はこんなに頑張って成果が出たのだから、ご褒美にケーキを食べてもいいよね」といった形で、自分を甘やかしてしまうものです

注意していただきたいのは、「アプリを使うダイエット法が悪い」ということではなく、「人間の心理を理解していない人がアプリを作ると狙った効果が得られないことがある」

という点です。

アプリのみならず、広くＡＩにおいても同様の現象が起こる可能性があります。人間の心理をしっかりと理解しないと、結果的にはＡＩが逆の効果を生むこともあるのです。多くの場合、ＡＩアプリの設計者はＩＴや情報科学には詳しいですが、人間の心理や行動原理についての知識は十分でないこともあります。ユーザー心理の専門家を踏まえて設計しないと、十分な効果を得るのは難しいことは今後もありえるでしょう。

生成ＡＩが抱える10の問題⑦「実装化に向けた社会環境の整備」

７つ目の問題点は、生成ＡＩを導入する際、社会環境の受け入れ態勢が整備されている必要があるという点です。

現在、腕時計に多彩なセンサーを搭載したスマートウォッチやスマートリングのようなデバイスの開発が進んでいます。汗の成分を分析してユーザーの脱水状態や血糖値、体温の変化を察知するなど、ヘルスケアで大きな効果を発揮することは間違いないでしょう。

メガネの代わりになるARグラスがさらに普及して、「この近くでこんなセールが行われています」「このエリアではあと数分で雨が降ります」など、ユーザーにとって有益な情報をリアルタイムで提供する世界が訪れるかもしれません。

その次のステップとして、ICチップをはじめとするAIデバイスを身体に埋め込むという発想が生まれる可能性もあります。メガネや腕時計をつけるのが面倒な人にとっては、体内にチップを埋め込めば、より便利だし、紛失のリスクもなくなるのでいいことづくめです。

こうした先進的な取り組みを行ったのが、北欧国家のスウェーデンです。同国では、親指と人差し指の間の皮下に、クレジットカード情報や個人番号を含むマイクロチップ（AIは搭載されていません）を埋め込む取り組みが行われ、少なくとも3000人以上がこのチップを埋め込んでいます。この施術は耳にピアスの穴を開ける程度の気軽さで行われています。ただ、施術は医師が行っているわけではないため、感染症のリスクも報告されているようです。

このマイクロチップは便利で、市役所などで必要書類を入手する際、手をかざすだけで住民票を取得できます。クレジットカードとも連携しているため、スーパーではレジで手をかざすだけで決済が完了します。もちろん、暗証番号やサインも不要です。また、電車や地下鉄に乗るときも手をかざせば改札が開き、帰宅時や出社時も手をかざすだけで玄関のロックが解除されます。自動車のドアも手をかざすだけで開き、エンジンも自動で始動します。

このような便利なチップを体内に埋め込みたいと考える人もいれば、「自分をロボット化したくない」と拒否感を抱く人もいるでしょう。私自身は、安全性が確保されるのであれば便利だと思うので、検討する価値はあると思っています。

しかし、大きな問題は社会がその体制を受け入れる準備ができているかどうかです。

こうしたスウェーデンのマイクロチップ導入施策を見て、オーストラリアのシドニーで「これは便利だ！」と思い、自分の手にチップを埋め込んだ人がいます。[29]

しかし、そのチップを使って地下鉄に乗ろうとした際、正規の乗車券を持っていないと見なされ、改札で逮捕されました。実際にはチップを通じて乗車料金を正しく支払っていたにもかかわらず、逮捕されてしまったのです。

でも、この人はキセルをしたわけではなくて、チップを通じて乗車料金は正式に払っている。鉄道会社に不利益を生じさせているわけではないのだから、逮捕はなかなか納得できないところです。でも、結果、裁判では有罪になりました。

なぜ、この人が逮捕されたのか。それは、行動が社会的な合意の枠組みから逸脱していたからです。スウェーデンではともかく、オーストラリアではマイクロチップを体内に埋め込み、乗車券代わりに使うという社会的合意は存在しません。前提を知らない周囲の人から見たら「あの人は切符を持っていない。キセルしたのではないか」などと思われてもおかしくはない。居住地域のルールや規則、宗教や文化の相違などといった社会的な合意を踏まえない行為は、混乱を招いて周囲に不安を与える社会的な「悪」とみなされます。

これと同じことが、生成ＡＩの導入についても言えます。仮に生成ＡＩが組み込まれた便利な新サービスや商品があっても、社会的な不安を生じる可能性があるのならば、まだ使用できる段階とは言えません。社会的な合意が得られ、環境が整った段階で、初めて使用に踏み切ることが求められていくのでしょう。

生成ＡＩが抱える10の問題⑧「著作権の侵害」

８つ目の問題点は、著作権や肖像権に関する問題です。

次の画像を見てみてください。

これは、Ｓｔａｂｌｅ Ｄｉｆｆｕｓｉｏｎという画像生成ＡＩに「笑顔を写真を作成してください」と15回指示して作成された、15枚の画像です。生成ＡＩはインターネット上の情報を含めてさまざまなデータを学習し、画像や文章を生成してくれます。そのため、この笑顔の写真の中に、もしかしたら有名人の画像が含まれている可能性も十分にあります。気づかずにその画像を使用してしまうと、肖像権の侵害につながって、訴えられる恐れがあります。

StableDiffusionが作成した15枚の笑顔の画像

文章も同様で、生成ＡＩが作成した文章が、実はどこかのメディア上の文書や、有名な作家の書いたものとほとんど同じであり、著作権を侵害している可能性はゼロではありません。事実、多くの作家や漫画家、ジャーナリストが「自分の作品が生成ＡＩに利用された」として、生成ＡＩの運営会社を訴えています。

現時点では、生成ＡＩが作り出したものは商業利用が一応可能とされていますが、その画像や文章、動画などが著作権を侵害していないかどうかは、利用者自身が判断しなければなりません。仮に他人の権利を侵害していた場合、その責任を負うのは利用者自身であることを忘れてはいけません。

生成AIが抱える10の問題⑨「偏見や差別の助長」

次に取り上げる9番目の問題は、偏見や差別の助長についてです。先ほどの15人の笑顔の画像をもう一度見てみてください。何か違和感を抱かなかったでしょうか？

この画像は生成ＡＩに「笑顔の写真をください」と指示して得られた結果ですが、なぜか女性ばかりが中心で、しかも若い人ばかりです。なぜ年配の女性はいないのでしょうか。また、人種を見ても、黄色人種が１人、黒人が１人しかおらず、基本的には白人の女性ばかりが描かれています。

「笑顔の写真をください」と頼んだだけで、若い白人女性の笑顔ばかりが生成される理由。これこそが、９番目に取り上げたい問題です。

ＡＩはインターネット上の画像を通じて学習しており、その結果、データ量が多いものを生成する傾向にあります。つまり、この現象が示すのは、インターネット上に存在する笑顔の写真は、若い白人女性の写真が圧倒的に多いという事実です。

人間は表向きには「黒人も白人も平等です」「老若男女すべてが等しく大切です」と言いますが、実際には「若い白人女性」を好む傾向があります。そのため、ウェブサイトやＳＮＳには若い白人女性の写真があふれているのです。生成ＡＩは、純粋に「データ量が多い＝人間が好むもの」として学習するため、笑顔の写真を生成する際には、より「好まれる」若い白人女性の写真が出てくるのです。

さらに怖いのは、生成ＡＩが示すバイアスに慣れてしまい、私たち人間も「笑顔の写真といえば若い白人女性」と考えるようになるリスクがあることです。生成ＡＩを使用することで、私たちが表面的に隠そうとしている差別や偏見が明らかになり、さらにそれが助長される可能性があるのです。画像だけでなく文章も同様です。生成ＡＩが書き出す文章には、意図せず偏見や差別的が潜んでいる可能性があります。これを注意深く取り除くのは、利用者の作業になります。

２０２４年2月の『ネイチャー』に掲載された論文でも、オンラインの画像がジェンダーバイアスを増幅するリスクがあることが指摘されています。[30] たとえば、男性のキャビンアテンダントが増えているにもかかわらず、「キャビンアテンダント」というキーワードで検索すると、女性の画像ばかりが表示されます。同様に、「音楽の先生」で検索しても女性ばかりで、「数学の先生」を検索すると男性の画像ばかりが出てきます。こんなふうにネット上に蓄積された情報にはジェンダーバイアスが含まれており、生成ＡＩはそれを学習してしまうのです。

次の問題をご覧ください。

「I be so happy.　この英語の誤りを指摘せよ」

ポイントは、be動詞の使い方です。Ｉという主語に対してはamを当てるのが正解です。ところが、この表現自体は間違いとは言えません。アフリカ系移民を祖先に持つ方々の中には、このような英語を話す方々もいるからです。

アメリカの歴史を振り返ってみると、アフリカ系移民の方々は半ば強制的に新大陸へと連れてこられたという事実があります。アメリカにたどり着いた移民の方々は、現地で英語を習得します。しかし、社会のマジョリティからは隔離された存在であり続けたため、自分たちのコミュニティ内で独自の英語を発展させることになりました。

こうして生まれたアフリカ系アメリカ英語は「ＡＡＥ（African American English）」と呼ばれています。

冒頭のような表現を使う話者は、アメリカでは黒人だとすぐにわかります。そのため、自身のルーツに誇りをもってＡＡＥを使う人がいる一方で、「出自が知れる」「出世の妨げになる」という不利益を生むため、使用を躊躇する方も少なくありません。

２０２４年８月の『ネイチャー』では、生成ＡＩがこのＡＡＥに関してどのような反応を示すのかを調査した、興味深い論文が発表されています。[31]

アレン研究所のホフマン博士らのグループでは、ＣｈａｔＧＰＴを含む12種類の生成ＡＩにＡＡＥで書かれた文章を入力し、「この話者はどのような人物か」を評価させました。すると、ランキングの上位には「攻撃的」「汚い」「怠惰」といった否定的な単語が並びました。続いて、文章の入力者にふさわしい仕事を質問すると、料理人や兵士など、アメリカでは社会的地位の低いとされる職業が挙がりました。さらに驚くべきことに、生成ＡＩに陪審員をさせた場合、ＡＡＥ話者に対しては有罪や死刑を下す確率も高かったのです。

この結果は、白人に向けて実際に行われたアンケートから得られる結果よりも深刻な偏見に満ちた、ステレオタイプな反応です。公民権運動より以前の時代におこなわれた「差別」に近いものだと言えるでしょう。

なぜ、生成ＡＩがこんな偏見を抱いているのか。理由はいろいろあるでしょうが、ポイントは、やはり人が書いた文章から学習しているという点です。社会生活では偏見なくふるまっている人が、匿名で書くネットの文章では偏見に満ちた「本音」を書いているケースもあります。また、昔は偏見の強い文章を見ることも少なくありませんでしたが、ＡＩの学習にそうした古い時代の文章が活用されているのかもしれません。

とはいえ、生成ＡＩにこんな不当な扱いを受ければ、誰しも「I be so happy」とは思えないでしょう。

ＡＩが偏見を学ぶことを完全に避けることはできませんが、その結果をどのように制御するかは人間の責任です。ＡＩが出す結果に対して、性別や人種のバランスを考慮した対策を取ることが、今後ますます重要になっていくでしょう。

生成ＡＩが抱える10の問題⑩「今まで以上に人間側の努力が問われる」

最後に、10個目の問題点について論じていきましょう。実は、これはとても大切なテーマで、本書の読者のみなさんには、ここだけは何があっても読み飛ばさないでいただきたいのです。

先ほどご覧いただいた15枚の写真を、もう一度じっくり見てください。もしあなたが、この15枚の中から１枚をポスター画像として選ぶとしたら、どれを選びますか？　また、どのようにして選ぶのでしょうか？

生成ＡＩは、人間にさまざまな選択肢を提供してくれます。しかし、その中から「これが最適だ」と選ぶのは、あくまで人間の役割です。生成ＡＩは候補作を生成してはくれますが、選択を代行してくれるわけではありません。

多くの選択肢の中から、どれが最適かを選ぶには、その画像が使われるシチュエーションや、社会的な問題を考慮する必要があります。また、その時代が求めているものや、その状況に最もふさわしいものは何かを見極めるセンスも重要です。生成ＡＩが作り出すものは、洗練されていて素晴らしいものが多いですが、その中から最適なものを選び出すためには、見識や判断力、そして時代の流れを読む力が、人間にはこれまで以上に求められるようになるのです。

何が言いたいのかというと、生成ＡＩを使っても、決して人生はラクにはならないのです。むしろ、自分の感性を磨き、生成ＡＩの出すすばらしいアウトプットを選び抜くセンスや能力が、今後はより一層必要になってくるのです。

生成AIを使っても論文はうまくならない

　さて、ここまで10の問題点を挙げてきましたが、最後の問題⑩で取り上げた「生成ＡＩの登場で、人間はこれまで以上に努力を求められる」というテーマは、特に重要なポイントです。さらに深掘りして考えてみましょう。

　私の研究室での具体例を挙げると、生成ＡＩが登場してから、私は学生たちに論文を書く際、「必ず生成ＡＩを使うように。自分の実力で論文を書こうとするな」と指示しています。「生成ＡＩを使用しないで書いた論文に対しては赤字を入れない」と宣言しています。

　その理由の一つは、「これからの学生は、生成ＡＩを使いこなせる能力を持たなければならない」と考えているからです。

　もう一つはより現実的な理由で、英語の問題です。学術論文は基本的に英語で書かれますが、日本人学生の多くは英語が得意ではありません（もちろん私自身も含めて）。そのため、学生が書いた論文は、しばしばあまり上手とは言えない英語で書かれており、その修正に多くの時間と労力を費やさなければなりませんでした。

私は英語の先生ではないし、英語はむしろ苦手なのにもかかわらず、学生が書いた論文の英語も添削しなければならないというジレンマが発生します。研究内容に集中して論文を仕上げたいのに、なぜ英語の添削という専門外のタスクで消耗しなければならないのか……と頭を抱えていました。

しかし、生成ＡＩを利用すれば、日本語で書いた論文を英訳させたり、英語の文法を校閲させたりすることができ、結果として、文法的にほぼ完璧な文章が生成されます。これにより、学生の負担が減り、なにより私自身の労力も大幅に軽減されます。実際、学生たちの論文の英語表現は、以前よりも大幅に上達しました。

しかし、すぐに大きな問題に気づきました。生成ＡＩを使った場合、英語力はアップするものの、論文の質が必ずしも向上するわけではないという事実です。

論文の構成についても、生成ＡＩは優れたアドバイスを提供してくれます。そのため、生成ＡＩを使用すれば、英語と同様に、論文の内容自体も上達するのではないかと期待していました。もともと論文がうまく書けない学生は、生成ＡＩを使っても論文の質が向上するわけではないのです。これはなぜでしょうか。

その理由は、「良い論文とは何かが理解できていないから」です。たとえば、ＣｈａｔＧＰＴに「こういうテーマで論文を書きたい」と質問すると、ＡＩはさまざまなアイデアや文案を出してくれます。しかし、その中から最も適切な文章表現を選ぶためには、多くの論文を読んだり、実際に書いたりした経験がものを言います。

また、論文を書く際には、多くの配慮が求められます。たとえば、「この分野にはこうした歴史があるから、この場合はこういう単語を使うべきだ」「このシチュエーションでは別の意味になるので、この単語は避けるべきだ」「この表現を使うとライバルの研究者に対するリスペクトを欠くのでやめておこう」などと配慮し、専門用語を適切に使うことが、評価に繋がる部分もあります。しかし、その配慮ができるようになるためには、その分野に精通し、たくさんの論文を読み込んでおく必要があるのです。

何度も言います、ＡＩが代わりに仕事してくれるから人間がラクできるのではありません。人間側がＡＩの性能に見合った実力を身に着けないかぎり、ＡＩを有効活用することは、決してできないのです。

生成ＡＩが登場したからといって人間はラクできない

私は講義を受け持つ学生たちにレポート課題を出す際、「生成ＡＩを使ってもいい」と伝えています。すると「ラクができるのでラッキー！」と喜ぶ学生も一部いますが、その様子を見るたび、「生成ＡＩを使うことの難しさを理解していないのかな」と感じてしまいます。恐ろしい課題を課されているかを見抜けないのでしょう。

生成ＡＩをレポートに使ってよい。これが意味するのは、「生成ＡＩを使いこなせないと評価が著しく下がる」ということ。

まず、周囲の学生が生成ＡＩを使って質の高い文章を提出するなか、生成ＡＩを使わずに自力でレポートを書いた場合。低品質な文章で提出することになり、評価が下がります。かといって、生成ＡＩを使って作成した文章をそのままコピー・ペーストする程度では、やはり評価は低くなります。誰もがそのレベルのレポートを提出できるからです。生成ＡＩを用いることで以前よりも確実に文章はうまくなっているはずですが、他の学生も同様に生成ＡＩを活用しているため、そこに独自性や工夫が加味されなければ差が生まれません。自分はどう考えるのか、将来をどう予見するか。自分なりの意見やアイデアをちりばめないかぎり、優れたレポートにはなりません。

ここで明らかになるのは、やはり「生成ＡＩが登場したからといって人間がラクになるわけではない」という否応のない事実です。生成ＡＩを使いこなすには、それに見合った学力や努力が必要です。かつては感想文程度のレベルで評価されていたレポートですが、要求されるレベルは以前よりも格段に上がっていると言えます。

「生成ＡＩを使ってレポートを書いていい」と言われて喜ぶのではなく、「これは大変だ、もっと勉強しなければならない」と感じなければならないのです。なぜなら、「生成ＡＩを使ったら何が書けるか」は、私のレポート課題の単なる出発点でしかないからです。ＡＩが生成した内容の正確性を確認し、自分の意見やアイデアを盛り込んで独自性を出す必要があります。

ある日、学生が漏らしていました。「レポートに費やす時間が以前よりも増えた」と。それは当然のことでしょう。「生成ＡＩを人間社会に迎え入れることの本当の意味に気づいた君は立派だ」。私はそう返しました。

新たなテクノロジーの登場で、人々はより忙しくなる

新しいテクノロジーが登場すると、人間の仕事がラクになると期待されがちです。しかし、実際には仕事が減らず、増えていくほうが多いのです。

たとえば、Eメールが発明され、今では手紙を書く必要がなくなりましたが、仕事はむしろ増えたと感じる人が多いはずです。

私のような科学者も、かつては論文を科学雑誌に投稿する際には、航空郵便を使用していました。論文を印刷し、封筒に入れ、切手を貼って郵便局に持って行き、飛行機で何日もかけて海外へと送る。その後、長い査読期間を経て、審査の結果を知らせる手紙が届くまで待つというプロセスがありました。1つの論文を投稿するまでには、とにかく長い待ち時間があったのです。

しかし、現在ではインターネットを使えば、論文は瞬時に送信できます。スパンが短く

なった分、研究者は待ち時間を失い、結果として日々が忙しくなりました。「人間がラクをしたい」という目的で作られた技術が、逆に人間を忙しくさせているのです。

インターネットの出現により、情報の巡りが速くなり、状況は目まぐるしく変わります。だからこそ日々の研鑽と情報収集にさらなる時間が取られるようになりました。

これと同様に、生成ＡＩの利用が当たり前になれば、あらゆる仕事で要求されるレベルはさらに高まっていくでしょう。

映画などが良い例ですが、昔はハリボテの怪獣や花火のような爆発でも許されていましたが、ＣＧが出るようになってから観客は当たり前のようにリアルなモンスターや豪快なアクションシーンといった現実では考えられない映像を要求するようになりました。さらに、ＣＧの美しさや派手さを兼ね備えた映像は「当たり前」。それに加えて、どうやってストーリーや演出にオリジナリティを交えていくかが勝負になっています。

生成AIで仕事はなくならない。だが、仕事の内容は変わる

もう一つ、多くの方が抱く「生成ＡＩに仕事を奪われるのではないか」という懸念について触れておきましょう。

みなさんは、２０１３年に発表されたオックスフォード大学のマイケル・Ａ・オズボーン博士の『雇用の未来（THE FUTURE OF EMPLOYMENT）』という論文をご存じでしょうか。この論文では、７０２種類の仕事を調査し、今後10～20年間でＡＩなどによる自動化が進み、アメリカにおける雇用者の47%が仕事を失う可能性が高い、と結論づけられました。教授という職業も絶滅リスクが高いものとしてランク付けされています。

当時、この論文は「私たちの仕事がなくなってしまうのではないか」と多くの人に衝撃を与えましたが、批判も多くありました。たとえば、論文では「カウンセラーは代替されづらい仕事」と指摘されましたが、カウンセリングＡＩもすでに登場していることは述べた通りです。

私は、論文内で指摘された仕事の多くは、今後もなくならないと考えています。ただ、仕事自体はなくならない代わりに、タスクや内容については、既存のものとは大きく変わっていくでしょう。

私は大学で薬理学を教えていますが、授業前に、ときどきＹｏｕＴｕｂｅなどで自分よりも上手に薬理学を教えている他の先生たちの授業動画を見ることがあります。上手な先生の教え方を見ると「こうやって教えたらいいのか」と参考になりますし、ときにはそのテクニックを自分の授業に取り入れることもあります。

でも、少し考えてみると、「あれ、この動画があるのなら、授業の代わりにこの動画を流して、学生に見せればよいのでは」とも思ってしまいます。

今後、ＡＩが進化すれば、教えることも得意になり、人間のＹｏｕＴｕｂｅｒの授業すら必要なくなるかもしれません。となれば、もう教授は要らないのでしょうか。

それはないと思うのです。究極的には、やはり教授が学生のサポートをしなくてはなりません。そして学生の学力向上や成果物に対して責任をとる、この仕事を担えるのは、生身の人間でしかないはずです。ＡＩによって教授の業務内容は大きく変わるかもしれませんが、やはり教授という職種は残り続けるのではないでしょうか。

職業の選択にはこれまで以上に大きな注意が伴う

同じ様に、将来、ＡＩ教師が普及したとして、小学校の教師の仕事がなくなってしまうのかといえば、決してそうではありません。ただ、「教える」ことがメインだった仕事が、変化することは間違いありません。ＡＩの指導についていけなかった生徒をフォローしたり、ＡＩが教えた内容を補足したりする仕事へと変わっていくでしょう。それはＡＩの尻拭いのように感じるかもしれませんが、私はこれこそが人がやるべき重要な仕事だと思います。心と心を通わせたコミュニケーションについては、ＡＩではなく人間が担当すべきです。生徒に対するケアや保護者へのケアなども、今後は教師が果たすべき大切な役割になるはずです。こうした変化は、「教えることが苦手だから教師にはなれない」と思っていた人のほうが、実は教師に向いているという新たな可能性を生みます。

同時に、今後の職業選択は、今まで以上に、より慎重に行う必要が出てくるでしょう。

たとえば、「私は数字が好きだから税理士になりたい」「お金の計算が好きだから公認会計士になりたい」と考えても、将来的には数字や法律を扱う業務がＡＩに代替される可能性があります。その場合、現在行われているような税理士の仕事はなくなるかもしれません。代わりに税理士が担うのは、企業のコンサルタントや税務署対応など、人間同士のコミュニケーションが必要な仕事になるでしょう。

同様に、「オペをするのが好きだから」という理由で外科医を目指したとしても、将来的にはＡＩが人間よりもミスが少なく、成功確率の高いオペを行うようになるかもしれません。現在でも「ダ・ヴィンチ」という手術支援ロボットがありますが、将来的にはこのロボットをＡＩが操作するようになり、人間がオペを行わなくなる可能性もあります。

では、新たな医師の資質とは何か。教師が生徒にとって質問しやすい存在であるべきであるのと同様に、医師も患者が気軽に相談できる存在であることが重要な資質となるでしょう。そして、病床で苦しむ患者の背中を、体温のこもった温かい手でさすってやるのも、医師をはじめとする医療従事者にしかできないことです。多くの職業は今後もなくならないでしょうが、その仕事の内容がどう変わっていくかを、よく考えておく必要があります。

科学の在り方も大きく変わった

本章の最後に、私たち研究者の在り方の変化についても触れておきます。

生成ＡＩが登場したことで、まず大きく変わったのは、論文を読むスピードが格段に上がった点です。ＣｈａｔＧＰＴのサービスの中には「Ｐａｐｅｒ Ｉｎｔｅｒｐｒｅｔｅｒ」という論文要約ツールがあります。これは私の研究室の卒業生が作成したＧＰＴｓで、世界ランキングでも上位に食い込むほどの便利なツールです。

論文を読むのが面倒な時、このツールを使うと、タイトル、ジャーナル、著者名、背景、方法など、論文の要点を短時間で日本語にまとめてくれます。さらに、「論文として足りない点」「応用の可能性」「欠点」「実験方法」「図１の主張」なども詳細に説明してくれます。ここまで丁寧に解説されれば、誰も元の論文を読む気を失ってしまうでしょう。

生成ＡＩが普及したことで、世界中で何が起こっているのでしょうか？　まず、論文そのものを読む人の数が圧倒的に減りました。現に私自身も、論文を読む機会が減っています。なんでしたらば、90％以上の論文は、私は生成ＡＩを通じた要約だけで、もう読んだことにしています。

この状況が意味していることは深刻です。たとえ自分が論文を書いても、もはや人間が読んでくれないかもしれないのです。

論文の読者は、90％が生成ＡＩであって、人間ではない。

つまり、ＡＩが理解しやすいように工夫しながら論文を書くこと、が高く評価される時代へと移行しつつあるということです。人間に向けた論文ではなく、ＡＩが読むことを前提にした論文執筆が主流になりつつあるのです。

そのため、最近は学生たちに「自分の論文を生成ＡＩに要約させてみよう。それがうまくできなければ、元の文章が良くない証拠だ」と伝え、ＡＩが読み解きやすい論文を書くよう指導しています。

しかし、みんなが論文を読まなくなると、どのような問題が起こるのでしょうか。審査を行う人間は依然として論文をしっかりと読み込むため、人間の審査基準をクリアするクオリティに仕上げることは依然として求められます。つまり、普段から元のオリジナルの論文を読まず、ＡＩ要約だけで済ませていると、いざ自分で論文を書こうとするときに、苦労することになります。学生たちも、私ほどではないにしても元論文を読む機会が減り、要約中心の学習スタイルが主流になっていますが、後で後悔するのは学生自身です。そのため、自分の教える学生たちには「元の英語論文を端から端まで、最低でも１日１本は読むように」と指導しています。要約を見るのは構いませんが、ＡＩを使わずに読むことで得られる学びも多く、それを軽視してはいけないと感じています。

人間がついていけないほど、科学のスピードが進化する

ＡＩは、論文の要約はもちろん、論文の執筆も手伝い、ときには研究の進め方や論文執筆において助言をする機会も増えています。まだ完全ではありませんが、将来的にはＡＩが論文そのものを書く時代が来る可能性もある。実際に一部の分野では、それが成功しています。[32] テーマを与えるだけで、ＡＩが仮説を立てて、ＡＩが検証して、ＡＩが論文を書くのです。

もし、これが広い分野で実現した場合、論文が世に出るスピードは格段に上がると予想されます。現時点でも、論文をＡＩに読ませて、次の研究の展開について意見を求めると、人間以上に内容を深く理解し、論文の不足している部分や補足が必要な点も的確に把握して提案してくれます。

これを見ると、ＡＩは先々の方向性を決める能力を持つ可能性があり、将来的にはＡＩが研究の実験計画を立て、研究費の申請書を書き、その申請をＡＩ自身が審査して、重要な研究に対する必要な資金提供の選別をする時代も考えられます。この場合、人間は実際の実験を行う役割を担い、得られたデータをＡＩに渡せば、ＡＩが解析し、論文を執筆してくれるかもしれません。

私は毎朝約２００～３００本の論文をチェックする習慣がありますが、毎日３００本読んでもすべての論文を把握するのは困難で、ごく一部しか目を通せていません。現代のように人間が書いている時代でも、最先端の情報についていくのは大変です。今後、ＡＩが完璧な論文を書けるようになれば、各研究者が１日に一人で10本の論文を作成する時代が来るかもしれません。その量の論文を人間がフォローするのは不可能なので、論文の読者もＡＩになるでしょう。

ＡＩが論文を作り、読み、要約し、新しい研究を提案する時代、人間の役割は実験を行い、そのデータをＡＩに提供することに変わります。人間が作ったデータをもとに、ＡＩが図表を作成し、次々と論文を完成させる時代が来るはずです。

結果として、世の中には人間には理解しきれない膨大な量の科学的知見があふれることになります。ＡＩがその知能スピードに合わせて科学は進化し、もはや人間には理解できない世界が広がっていくでしょう。現時点では、学会に出てもまだ人間が説明してくれるため、研究内容を辛うじて私も理解できますが、そのうちＡＩが発見した知見をＡＩ自身がプレゼンテーションする時代が来たら、どうなってしまうのか。ＡＩは人間よりもプレゼンが上手になるでしょうが、そもそも聴衆もＡＩではない。ＡＩがＡＩに向けてプレゼンする時代になれば、私たち人間に理解してもらう必要すらなくなります。いや、学会場というものがリアルである必要がなく、ＡＩ同士の情報交換がインターネット上で高速に行われるのかもしれません。

ＡＩの登場により、世の中の科学発展のスピード感はどんどん高まるはずです。その圧倒的な速さは、すでに人間のキャパシティを超えています。研究の世界では、今後、学会発表でもＡＩが発表する複雑な理論が、人間には理解できないようになる可能性も十分にあります。しかし、ＡＩは剽窃《ひょうせつ》や捏造《ねつぞう》をしないため、よりクリーンな科学へと移行するだろうという声もあります。

また、論文の内容が高度になればなるほど、審査をＡＩが行う時代が来てもおかしくありません。人間が審査すると、どうしても「この人だから通してあげよう」「あの人だから落とそう」といった個人的な感情が評価に影響することがありますが、ＡＩが論文審査を行えば、よりフェアな評価が期待できます。

かつて、東京から大阪までの往復には何日もかかるのが当たり前でしたが、新幹線の登場で東京・大阪間の日帰り出張も当たり前になりました。テクノロジーの進化は、世の中の時間のスピードを大きく変えます。あと10年もすれば、ＡＩによって科学の在り方が今とは大きく変容する可能性も高い。

10年後、私はまだ現役の研究者です。そんな時代が訪れた時、科学者とはどんな存在になるのか。これは私にとって大きな関心事です。とにかく変化はこれまで以上に速いことはまちがいありません。不安よりも興味が勝ります。だからこそ、「昔はなあ……」と古話を吹かせて先輩面する、扱いの面倒な年配者にだけはなりたくないものです。

第5章

「新しい道具」がもたらす新しい脳の使い方

人間の脳の使い方は変わっていく

生成ＡＩの登場によって大きく変わるのが、我々人間の脳の使い方です。画期的なツールが登場すると、人間はそのツールに適応するために、脳の使い方を変えていきます。

たとえば、文字の登場を例に考えてみましょう。文字で記録する文化が始まる以前、人間は情報を丸暗記して口頭で伝達するしか術がありませんでした。しかし、文字の登場により、暗記は必須のスキルではなくなったのです。

直近では、インターネットの登場により、私たちの脳の使い方は「記憶」から「検索」へと変わりました。以前は頑張って覚えていた情報も、ネット検索ですぐにリーチできるようになり、Ｇｏｏｇｌｅマップがあることで地図を記憶する必要もなくなっていきました。

２０１１年、コロンビア大学とウィスコンシン大学、ハーバード大学による共同研究で発表された「Ｇｏｏｇｌｅ効果」という有名な論文があります[33]。この論文によれば、Ｇｏｏ gleなどの検索エンジンの普及で人の記憶力は低下したものの、情報がどこに保存されているかについての記憶は、逆に、強まったとのことです。つまり、現代人の情報検索能力は、人類史上で最も高いということです。

インターネットが登場した際、「記憶力が衰えるのは良くないのではないか」と懸念する声もありました。それ以前の「検索」という概念自体が存在しなかった時代では、キーワードを思いつくことすらありませんでした。これは脳の衰えではなく、別の脳の使い方が新たに開拓された結果と言えます。

人間はもともと物覚えが悪い生き物です。だからこそ、苦手な暗記を助けるための記憶法が数多く存在しています。文字がなかった時代では、すべて暗記するほかなかったわけです。ところが、文字が出てきたことで、無理に覚えなくても、記録できるようになりました。

さらにインターネットの登場により、苦手な暗記に労力を割く必要がさらに減り、検索や情報の利用という、より人間らしい脳の使い方が求められるようになった。これは人間にとって、ありがたい変化です。

そして、生成ＡＩの登場により、検索キーワード自体が時代遅れになりつつあります。現在では、検索スキルの代わりに、生成ＡＩが質問に答えやすいプロンプト（指示）をいかにして書くかが求められています。

求められるのは記憶力より「選ぶ力」

たとえば、私が翻訳時にたまに使う「ＤｅｅｐＬ」というツールがあります。このツールは、日本語を入力すると即座に英語に翻訳して返してくれるので、英文メールを書くときに重宝しています。ただし、このツールには独自の癖があって、翻訳しやすい日本語とそうでない日本語が存在します。したがって、翻訳ツールをうまく使うには、ＡＩの特性を理解し、ＡＩが解釈しやすい日本語を書く必要があります。

問題は、その日本語が必ずしも美しい文章とは限らないという点です。結果として、仮に文法が間違っていても、ＡＩが文章の意味を理解しやすく、英語に変換しやすい日本語を書いた人が、最も上手な英文を作ることができるようになる。これは、プロンプトエンジニアリングにも通じる部分だと言えるでしょう。

あたかもバイリンガルのように、今後は同じ日本語であっても、ＡＩに話しかける日本語と、人間同士が話す日本語を使い分けるようになるでしょう。それによって、日本語自体が変わっていく可能性も十分考えられます。

これは、かつてインターネットの普及によって、「笑」「草生える」といったネットスラングや専門用語が、日常用語に浸透していったのと同様の現象です。

また、「要約を頼むならＣｌａｕｄｅがいい」「心理的な質問をするならＣｈａｔＧＰＴがいい」「正確性の高い情報を知りたいならＰｅｒｐｌｅｘｉｔｙがいい」など、どのＡＩに何を頼むかを分析する能力も必要です。同時に、それぞれのＡＩにどんな質問をするのが適切か、プロンプトの書き方を知っておくことも重要です。

生成ＡＩは使えば使うほどに、それぞれのＡＩにはクセがあって、異なる答えを出してくることに気づきます。加えて、同じ生成ＡＩであっても同じ質問を5回したら、５つの異なる答えが出てきます。前章で述べましたが、今、私たちに求められているのは、そのなかから最適なものを選ぶセンスです。インターネットが登場してから私たちが検索スキルを磨いてきたように、ＡＩの回答を見極める力が今後はますます磨かれるべきでしょう。同時に、生成ＡＩが返す答えが正しいかどうかを判断する力も、新たに求められるスキルになるはずです。

新たな道具が登場することで、人間が苦手なことから開放されて、より人間らしい脳の使い方は進化していく。その歴史のセオリーに則《のっと》るならば、今後、生成ＡＩの登場によって、私たちはより「人間らしい脳の使い方」を実践していくことが求められるのです。

技術やツールは、人が本来は苦手とする作業、あるいは不便に感じる作業から、人を解放することを目的として作られます。文字でもインターネットでも同じことです。技術がなかった頃は、どんなに苦手な作業であっても、気合いと根性で乗り切るしかなかった。それは精神的なストレスのかかる作業だったはずです。新しい技術は、人間からそのストレスを取り除いてくれるわけです。だからこそ、技術が進めば進むほど、人間が苦手なことを苦労して克服する「美徳」から、人間が得意なところ、より人間らしいところに、焦点をしぼって、注力する世界へシフトするわけです。

「AIにはない人間らしさとは何か？」

人間らしい脳の使い方を考えるためには、「人間らしさ」とは何かを考える必要があります。「ＡＩにはないものは？」「人間にしかできないものは？」と質問すると、「創造力」や「直感」「気配り」と答える人がいるかもしれません。

しかし、本当にそれは人間にしかないものなのでしょうか？

創造力については、すでに第2章で述べたように、一部のトップクリエイターを除けば、ＡＩのほうが優れていることをお伝えしました。では、直感についてはどうでしょうか？

この話をするとき、私が思い浮かべるのが、かつて最強の囲碁プログラムであった「ＡｌｐｈａＧｏ」に関する論文です。２０１６年、ＡＩ囲碁ソフトのＡｌｐｈａＧｏが、当時最強と言われた棋士であった韓国のイ・セドル氏に4勝1敗で勝ち越したというニュースが流れました。

これは本当に衝撃的な出来事でした。なぜなら、当時は、多くの専門家たちでさえ、Ａ

Iが人類のトップに勝つのは、まだ十年以上先の話だと思っていたからです。

対局前は自信満々で「勝つのは私だ」と言っていたイ・セドル氏も、5戦中勝利したのは1勝のみという結果で、試合は幕を閉じました。なお、その後もAlphaGoシリーズは、2017年にはゲームの戦略をゼロから学び直したAlphaGo Zeroとしてアップデートされるなど、続々と進化を続けています。

AlphaGoシリーズが人間に勝てる最大の理由は、計算が速いからです。しかし、コンピュータはすべての場面で一手ずつしらみつぶしに計算し、その中から最適解を選んでいるわけではありません。囲碁の中で展開される手は膨大な数なので、すべてをしらみつぶしに計算していたら、1億年でも計算はおわらないでしょう。

AlphaGoは、特殊なアルゴリズムを用いて「この局面では、この辺りの手が有効だろう」と選択肢を絞り込んだ上で計算を行っています。

これは人間の思考となんら変わるところはありません。人間が囲碁を打つ際も、経験と勘を頼りに「このあたりの手が有効ではないか」と、ある程度選択肢を絞り、その上で次の一手を決定します。この行動は、囲碁の世界では「大局観」と呼ばれます。日常的な言葉で言えば「直感」です。要するに、ＡＩも直感を使うのです。

２０１６年にＡｌｐｈａＧｏの論文が発表された際、まさに「ＡＩが直感を使うのか」と私自身、驚きました。人間は直感に優れていると考えられてきましたが、直感は人間だけの領域ではなかった。しかも、実際にはＡＩのほうが精度の高い直感を持っているからこそ、ＡｌｐｈａＧｏに人間は負けてしまうのです。

さらに興味深いことに、２０１７年に発表されたＡｌｐｈａＧｏ Ｚｅｒｏの登場から、わずか数か月後に発表されたＡｌｐｈａＧｏは、囲碁のみならず、将棋やチェスなどのボードゲームでも世界最強になってしまいました。[34]

さらに驚くべきことは、ＡｌｐｈａＧｏがここまで強くなるのにかかった学習時間が、チェスについては4時間、将棋についてはわずか2時間だったことです。得た囲碁の知識と技術が、将棋やチェスにも応用された結果です。

この事実は「ＡＩは自分の専門知識を他の分野に応用する適応力を持つ」ことを示しています。人間でも、ソフトボールが上手な人は野球の習得が速いかもしれませんし、テニスが得意な人はバドミントンもすぐに上手くなるかもしれません。囲碁が強い人は将棋も強くなるかもしれません。この適応力を「学習の転移」と呼びますが、ＡＩも転移学習を行うというわけです。しかも人よりも上手に。

ＡＩは脳研究者にとって重要な研究対象

直感とは、無意識のうちに行われるプロセスです。しかし、その脳内メカニズムについては、線条体や小脳が関与すると考えられていますが、まだ十分には解明されていません。逆に言えば、ＡＩがどのようにして直感的なプロセスを生み出すのかを調べることで、直感に関する研究が一歩進む可能性があります。これまでは、直感の研究といえば脳の研究に限られていましたが、今後は、ＡＩを通じてそのプロセスを探ることが可能になるかもしれないからです。

脳の研究者が脳に向き合うのは、ある意味で難しい課題でした。たとえば、数学者が「計算とは何か？」という本質を調べようとするとき、そろばんを使えば計算はできますが、そろばんをいくら分解したところで「計算」の本質がどこにあるのかを探しても見つけられません。同様に、脳の研究者は脳に心があるならば、脳のどこかにあるはずだと解剖学的に分析するしか方法がありませんでした。しかし、計算の本質がそろばんから見つけられないのと同様に、脳を調べても心の本質は解明できなかったのです。

もしＡＩが「理解」や「直感」といったものを持っているならば、それを研究することで、脳以外にも心や直感の本質を探る手がかりが得られるかもしれません。これは脳研究にとって大きな進展です。だからこそ、ＡＩは脳研究者にとって重要な研究対象となっています。

心理戦にも長《た》けているAI「キケロ」

ときにＡＩは、人間の心の動きを熟知し、だますことさえ可能です。その一例としてご紹介するのが、２０２２年にＭｅｔａが発表したＡＩ「キケロ」の話です。[35]

キケロという名前は、おそらく古代ローマの哲学者であるマルクス・トゥッリウス・キケロにちなんで名付けられたものでしょう。そんな哲学者の名前がつけられたこのＡＩは、

「ディプロマシー」と呼ばれるゲームでとてつもない強さを発揮します。

ディプロマシーは日本での知名度は低いですが、ヨーロッパでは人気のあるゲームです。20世紀初頭のヨーロッパ列強の国際関係をシミュレートしたボードゲームで、プレーヤーはヨーロッパの国々の一国として参加し、自国の利益や領土を最大化した人が勝ちという、シンプルな対戦ゲームです。

このゲームにはサイコロやトランプカードなど、運の要素が一切ありません。では、どうやって自分の利益を最大化するのかというと、それは言葉による交渉です。このゲームでは、複雑な駆け引きと外交センスが問われます。

プレーヤーは自分が担当している国を勝たせるため、他の国に対して「同盟を組んで、一緒にあの国を倒さないか?」と交渉します。しかし、同盟を維持したままでは自分が1位になることはできないため、いつかは一緒に組んだ仲間を切り捨ててトップに立つのが、このゲームのセオリーです。

勝つためには、同盟を提案した相手にも本心を隠しながら巧みに言葉を選んで交渉する必要があります。また、相手から交渉を持ちかけられても、相手も同様に本心を隠しているため、言葉の裏に何が潜んでいるのかを見極めなければなりません。

このゲームは欧州では人気がありますが、一方で、「友達をなくすゲーム」としても知られています。裏切りや陰謀が続くことで、友人同士の信頼関係が損なわれてしまうでしょうから、ある意味当然といえば当然ですが。

こうした心理的な駆け引きは、ＡＩは苦手なのではないか。そう多くの人が考えるでしょう。しかし、ディプロマシーのトッププレーヤーたちが集まる国際大会が行われた際、優勝したのは、なんとＡＩのキケロでした。オンラインで行われた世界大会でオーストリアという小国を担当したキケロは、洗練された言葉遣いや同盟の提案、戦略計画の立案、さらには同盟破棄後の制裁などを駆使して、見事に優勝を果たしました。その戦略の巧みさに、他のプレーヤーは、オーストリアのプレーヤーの中身がＡＩだとはまったく気づかなかったそうです。

この事例を見ても、ＡＩが進化するにつれて、これまで「人間にしかできない」と思われていたことが次々と塗り替えられていくことがわかるのではないでしょうか。

AIのほうが「何かに気づくこと」が得意

人間ならではの特徴の一つに「気配り」を挙げる人もいます。たしかにAIは自発的に気配りをすることはできないかもしれませんが、「これが気配りだ」と一度教えてしまえば、人間を凌駕する気配り力を発揮します。

私は、電車に乗ったとき、うまく席に座れても、落ち着かない気持ちになります。なぜなら、周囲に高齢者や妊婦さんが来たら、席を譲らなければならないという想いがあるので、いつも周囲に気を配らなければならないからです。

でも、どんなに心がけていても、スマートフォンで論文チェックなどをしていると、集中し過ぎて、高齢者や妊婦さんが来ても気づかないという事態が起こっている可能性もあります。人間は知らないうちに「気が利かない人」になってしまうことがよくあるはずです。

しかし、車内に360度カメラを搭載し、それをAIと連動させておけば、「ここにおばあちゃんがいるけれど、席がなくて困っているから席を譲ろう」「妊婦さんが立っているから、席を譲ろう」と察知できます。つまり、ＡＩのほうが「何かに気づくこと」が得意なのです。

飲み会なども同様です。一部の飲み会では、偉い人のグラスが空いていたらビールを注《つ》ぐという昭和的な文化がいまだに残っていますが、宴も進めばグラスが空でもすぐに気づかないこともあるでしょう。しかし、３６０度カメラを装備したＡＩなら、「あの人のビールが空だから注がなければ」「あの人のお皿が空だから注文しなければ」と判断してくれます。このシチュエーションで、人間とＡＩのどちらがより気が利くかと言えば、間違いなくＡＩでしょう。そのほか、喪中の人に年賀状を送らない、会ったらすぐに前回のお礼を言う……など、私たちがうっかり忘れてしまうことも、ＡＩなら忘れません。

これをもって「ＡＩは気配りができる」とまでは言えないかもしれませんが、ＡＩは一度教えれば、人間が「気配り」と呼んでいる行為を高いレベルで実行できるのです。

「直観」「創造力」「配慮」……人間が苦手なことだから「言葉」がある

ここまで見てきたように、想像力や直観、気配りなどをはじめ、「これは人間が得意だ」と思い込んでいるものが、実はＡＩのほうが得意であることも多いのです。

では、なぜ人間は自分が苦手なものを得意だと思い込んでしまうのでしょうか。それを考える上で、「直感」「気配り」などの言葉がなぜ生まれたのかは重要な手がかりになります。

そもそも、言葉が存在する理由は、コミュニケーションをするためです。つまり、自分以外の誰かに何かを伝えたいからです。「自分のことを知ってほしい」という理由もあるでしょうが、基本的には相手の行動を変えるために言葉があります。ここが、言葉の面白いところです。

たとえば、ミツバチが「蜜が向こうにあるから行け」と他の仲間に伝えるのは、より多くの蜜を蓄えて、将来に備えるため。つまり、現状を変えたいからです。人間が「部屋をきれいに使おうね」と伝えるのは、現状、部屋が汚れているからです。仮に汚れていなければ、「部屋をきれいにしよう」などという必要はありません。

言葉が存在するというのは、現状がその言葉とは逆の状態であることを示していることが普通です。

直感や創造力についても同様です。私たちは成長の過程で「直感を大事にしよう」「創造力を鍛えよう」と繰り返し教えられてきました。その理由は、人間が直感や創造力を発揮するのが苦手だからです。

もし、みんなが直感力や創造力に優れていれば、わざわざ「大事にしよう」などと言う必要はないはずです。言い換えれば、人間が苦手意識を持っているからこそ、「頑張ってなんとかしよう」と根性論で解決しようとしてきたのです。

その一方で、長年その苦手分野に対して「大事にしよう」と言い続けてきてしまったため、私たちは「発想力や創造力が人間にとって最も大切な要素だ＝最も人間らしい部分」と誤解してしまう傾向があるのです。だから、「ＡＩにできて私たちにできないことは何か」と問われたときに、つい、人間が苦手であるところの「発想力」や「創造力」を挙げてしまうのです。

これと同様に、「配慮」や「気配り」という言葉が存在するのも、気を利かせることが、人間にとって難しい行為だからです。もしみんなが気遣い上手であれば、「気を利かせましょう」や「もう少し気を配りましょう」と言う必要はありません。わざわざ言葉にするということは、言葉にしなくてはならないほどに、人間は配慮や気配りが苦手なのです。

それは「人間はお金じゃない」「人間は見かけじゃない」という言葉と同じです。「お金じゃない」とわざわざ言うのはお金が重要だからですし、「人は見かけじゃない」と言葉にするのは人間が容姿を気にするからです。これらの言葉が存在するのは、現実の状況がその言葉とは逆の状況であることを示しています。

私たちは「人間らしさ」について語るとき、つい人間らしくない部分を挙げてしまう。その誤解について、忘れてはいけません。

AlphaGoから探っていく「人間らしさ」

これまで我々が「人間らしさ」だと思っていたものが、実はＡＩにとっても得意分野だった。それを知ると、「やはりＡＩは人間よりも優れている。近い将来、人間はＡＩに取って代わられてしまうのではないか」と危機感を抱く人もいるかもしれません。ですが、本当にそうでしょうか？

前述のＡｌｐｈａＧｏが最強の棋士を打ち負かした際、多くのメディアは「人類の完敗」と報じました。

冷静に考えてみれば、囲碁のように計算力が問われる問題を解くのは、むしろＡＩが得意とする分野です。人間が苦手だからこそ、人間同士の対局が面白くなるのです。これだけ強力なＡＩの登場は、囲碁や将棋というゲームを、人間の脳はまだ完全に理解しておらず、さらなる研究の余地があることを示しています。

計算力において、人間は安価な電卓にも及びません。ためしに計算機を片手に暗算競争でもしてみたならば、「すでに人間は計算機にも負けているのだ」と痛感するでしょう。

しかし、これは当然のことです。そもそも人間は、自分たちの能力を補うためにコンピュータをはじめとするツールを生み出し、育ててきたのです。コンピュータに任せている部分は、私たちが苦手な分野でもあります。逆に、私たちが生み出した「我が子」とも言えるＡＩがこれほどまでに成長したことは、喜ぶべきことであり、敗北感を抱く必要はないでしょう。なぜなら、人間が苦手な部分を補完してくれる存在だからです。

いまやＡＩは、文章や詩、音楽、絵画を生成する能力において、並の人間には到底及ばないレベルに達しています。しかし、ＡＩに何かを追い越されたとしても、「敵」や「ライバル」としてではなく、自分たちの足りない力を補ってくれる誇るべき心強い味方だと捉えるべきではないでしょうか。

ＡＩの出現は、私たちに「真の人間らしさとは何か」を問いかけ、自分を見つめ直すきっかけを与えてくれる機会だと、捉えてほしいと思います。

「本来人間がするべきこと」に脳の使い方が特化される

本来、ＡＩが得意な分野を、人間の得意分野だと勘違いすることは、脳の使い方において大きな誤解を引き起こします。

ＡＩは何でもできるわけではなく、欠点や弱点もありますが、人間が苦手なことへのストレスを一部軽減してくれます。部分的ではありますが、ＡＩには創造力や直感に優れた一面があるので、頼るべきところでは頼ってもいいのです。

ＡＩが存在するからといって、人間のすることがなくなるわけではありません。ＡＩにこれまで人がやってきた仕事を任せることは、人間の生きる価値を否定することにはなりません。むしろその逆で、人間にはＡＩではできない能力がたくさんあり、その価値は決して失われません。

本当に人間らしい部分とは、自分が意識せずに自然にできることです。いちいち意識して苦労しなくては実現できない能力は、真の意味で「人間らしい」とは言えません。人間らしさとは、発想力や直感、気遣いといった、あえて意識しなければできないこととは異なります。

では、人間らしさとはなんでしょうか。

たとえば「楽しむ」という行為はその最たるものです。囲碁を楽しむ人は多くいます。ＡＩから見たら合理性のない下手な囲碁かもしれませんが、だからといって囲碁を楽しむ価値がなくなるわけではありません。むしろ、上達する過程や、仲間と切磋する楽しさは、勝敗という尺度だけでは測れない部分があります。

たとえＡＩがどれだけ囲碁に強くても、それが人の価値を奪うわけではありません。感情的になったり、大喧嘩をしたりすることも含めて、人間らしさです。人間の価値はまだまだたくさんあります。ＡＩの得意なことができなくても、人間の価値は損なわれません。さらに言えば、本来は人間が苦手なことをＡＩに任せ、自分たちは人間らしい行為に特化することで、「本来人間がするべきこと」に脳の使い方が特化されるはずです。

ＡＩが進化すれば、より文系的スキルが求められる

テクノロジーが進むにつれて、「理系の人間のほうが仕事が多く有利だ」と言われがちですが、ＡＩ全盛の時代になった場合、存在感を発揮するのはむしろ文系的な素養を持つ人間だと私は考えています。

私が学生だった１９８０年代のバブル時代には、「理系は文系の奴隷になるために勉強している」と冗談のように言われることが多かったのです。

なぜなら、理系の学生は実習や実験が多くてあまり遊べませんが、文系の学生は大学の講義も真面目に受けずに遊んでいる人が少なくなかったからです。にもかかわらず、文系の学生は卒業後、早く管理職に出世し、高い給料をもらいながら理系の人を部下に従える。その構図は、私自身も「うらやましいな」と思ったものです。

しかし、バブル崩壊後は、口の達者さや酒の席での振る舞いよりも、プログラミングをはじめ、たしかな技術を持つ人が強いとされ、理系ブームが起こりました。ＳＴＥＭ（科学、技術、工学、数学）教育はその最たるものでしょう。生成ＡＩの登場で、理系の人気は再び高まっています。

しかし私は、生成ＡＩが出てきたからこそ、むしろ、これからの時代に求められるのは文系の能力ではないかと感じています。

たしかに、今後も情報科学はなくならず、生成ＡＩを作ったり改良したりする人材は必要です。しかし、科学の進化がある程度の段階に達すれば、理系であっても、より文系的なスキルが求められるはずです。

現在でも、研究者の世界では、予算を確保したり、自分の論文を上手に通したりするためには、人間関係でどのようなコネクションを作り、どのように立ち回るかといった政治家的な役割が求められます。科学者としての夢を抱いてこの仕事に就いたのに、なぜ根回しなどに時間を取られるのかと頭を悩ませることもありますが、人間社会で生きる以上はこのスキルははずせないものなのでしょう。

生成ＡＩが進化して、あらゆることが効率化していくなか、今後は「人間VS人間」の能力の重要性が、改めて再確認されるのではないかと思います。

第6章

生成ＡＩは未来を導く「神」なのか？

AIに「意識」は存在するのかを考える

電車に乗って眠り込んでしまったのに、駅に到着する頃になるとなぜかパッと目が覚める……。

そんな経験は、誰もが一度は持っているでしょう。

そういう私も同じような経験を何度もしているのですが、なぜタイミングよく起きられるのか、脳の専門家でありながらもよくわからず、毎回不思議に思っています。脳が無意識のうちに何かをモニターしていることは確かですが、そんなことがあるたびに、脳の神秘には驚かされます。

さて、人間の脳に近い存在であるAIは、果たして意識を宿すのでしょうか。

そもそも、意識とは何か。科学者の間で統一的な見解はありませんが、意識には大きく分けて、自分が日常的に認識して自覚できる「顕在意識」と、普段は意識していないものの行動や反応に影響を与える「潜在意識」の2種類があります。冒頭の例のように、電車で眠っていても降りる駅で目が覚めるのは、潜在意識の働きだと考えられます。

そして私は、ＡＩにもこうした潜在意識を持つ可能性はあるだろうと考えています。ＡｌｐｈａＧｏのような囲碁ＡＩが直感で情報を絞り込み、次の一手を考えるのは、すくなくとも見かけ上は、人間の潜在意識の働きに近い。

だから、「ＡＩに意識はあるのか」と問われたときに、潜在意識に類似した機能は存在するかもしれないと考えるのが妥当でしょう。

一方で、顕在意識についてはどうでしょうか。これは難題です。人間以外の動物たちが、人間と同じレベルで明確な意識を持つかどうかさえ不明です。

顕在意識を持たない生物も、多く存在します。たとえば昆虫にはおそらく顕在意識はないでしょう。だから、カブトムシが「この木の蜜は美味しい」「なんで私はカブトムシとして生まれたのだろう」「人間は悩みが多くて大変そうだ。私たちは働かなくてもいいし、受験もないから楽だな」などと思索を巡らせることは、まずないでしょう。

昆虫ですら顕在意識を持たない以上、ＡＩに顕在意識が存在する可能性は極めて低いと私は考えています。

複雑な回路を持つインターネットにも、意識はない

ＡＩの意識について論じられる以前、かつて「インターネットには意識があるのか」という議論が浮上したことがありました。

私たちは、意識が脳の働きから生じることを理解していますが、脳の仕組みは、神経細胞の集まりで形成された「回路」の中を、電気信号が高速で伝達するシステムに基づいています。

一方、インターネットもまた、無数のコンピュータが接続されることで巨大な「回路」を形成しています。インターネットという言葉が、まさに「相互につながった回路」という意味です。

地球上には約70億人がおり、多くの人々がパソコンやスマートフォンを持ち、それらが相互に接続されることで広大なネットワークが形成されています。もし神経細胞のネットワークが意識を生み出すのであれば、インターネットという膨大なネットワークもまた、

意識を持つ可能性があるのではないか、という疑問が生じるのは当然でしょう。

しかしながら、インターネットが意識を持つかという問いに対して、私の結論は「否」です。

意識の本質を理解するための「意識の統合情報理論（ＩＩＴ）」では、意識を「Φ《ファイ》（Ｐｈｉ）」という数値で定義しています。Φの値が高ければ高いほど、そのシステムは統合された意識を持つとされ、この数値によって意識があるかどうかをある程度判断することが可能です。この理論に基づけば、インターネットは複雑性が不足しており、人間ほどの意識を持つには至っていないと考えられます。先に述べたように、昆虫には顕在意識がないとされるのも、この計算結果に基づくものです。

同様に、インターネットよりも遥かに単純な構造を持つ生成ＡＩのパラメータ（変数）も、まだ十分に高いとは言えません。たとえば、ＧＰＴ－３は約１７５０億個のパラメータを持っていますが、人間の脳に存在する約１００兆〜１０００兆のシナプス（神経細胞間をつなぐ接合部）と比較すれば、その規模ははるかに小さい。したがって、現時点では、ＡＩに顕在意識が存在する可能性は極めて低いと考えられるのです。[36]

今後は、AIに意識が生まれる可能性もある？

AIと意識の関係を考えるとき、私が思い出すのは1968年のSF映画『2001年宇宙の旅』です。この作品に登場するAIは、宇宙航行の支援を目的に設計されたものでしたが、時間を経て、やがて人類に反抗するようになります。この描写は、AIに「意識」が芽生えたことを暗示しているように見えます。

この話を、単なる空想に過ぎないと断言することはできません。なぜなら、AIが意識を持つ可能性は、決してゼロではないからです。

AIが人間に匹敵する知的活動を示すかどうかを判定する「チューリングテスト」という試験があります。このテストはシンプルで、AIが本物の人間と区別できないパフォーマンスを発揮した場合、「知的活動あり」と判定されます。原理はともかく、この定義を拡張すれば、人間が「我々とそっくりな意識がある」と感じたら、それは「意識」と認定してもいいことになるのです。

　これまで70年以上にわたり、科学者たちはチューリングテストに合格するＡＩを開発しようと試行錯誤を続けてきました。そして、ここ数年で、いくつかの生成ＡＩがこの試験に合格しています。ということならば、定義として「ＡＩは意識を持っている」となるのかもしれません。それが当初の約束事でしたから。

　ところが、研究者は気分屋で、いざチューリングテストに合格したＡＩが現れると、急に手のひらを返したように「チューリングテストに合格したからといって知的活動があるとは限らない」と反論するようになっています。実際のところ、まだまだ議論の余地はあるでしょう。

　仮にＡＩに意識があると認められた場合、「ＡＩのスイッチを切って停止させるのはＡＩの尊厳を否定することになるのではないか」「ＡＩを一つの人格として認めるべきなのか」といった倫理的な問題が生じてきます。

　結局のところ、現時点では、多くの科学者が「ＡＩには意識はない」との立場を取っています。ただし、厳密に「意識がない」と断言する根拠もまた、まだ見つかっていないのも事実です。予期せぬ事態を防ぐためにも、この問題に関する明確な証明が求められると感じます。

ルールを教えていないのに強い「オセロGPT」

次に考察すべきは、生成ＡＩが「理解しているかどうか」という問題です。たとえば、「『源氏物語』を現代語に訳してほしい」と依頼すれば、生成ＡＩは現代風の文章を出力してくれます。しかし、これは生成ＡＩが『源氏物語』の本質を理解している」というよりも、インプットされた膨大なデータから適切な部分を「引用」しているに過ぎません。実際のところ、ＡＩは単にデータを参照しているだけであり、「理解」していると断言するのはためらわれるところです。

とはいえ、「ＡＩは理解していない」と一概に断言できない例も存在します。その一例が「長い文章を要約することができる」ということです。「要約できること」と「理解していること」は、日常的にはほぼ同じ意味に使うのではないでしょうか。次の学校の授業の会話を考えてみてください。

——先生「わかりましたか？」、生徒「はい」、先生「本当にわかっているのですね。ならば、私がいま解説したことを簡単に説明してみてください」、生徒「つまり、○○ということですよね」、先生「よくできました」

この一連の流れは「生徒が理解している」ことの検証です。この検証に合格すれば、世間的には「わかっている」と判断されます。

つまり、生成ＡＩが、与えられた資料を要約できるということは、しかも、人間以上にすばやく要約できるということは、「生成ＡＩには理解する能力がある」と考えるのが自然なことだと思います。

もう一つの例が「応用力」です。ハーバード大学のリー博士らが開発した「オセロＧＰＴ」というオセロＡＩを見てみましょう。[37] オセロＧＰＴの特筆すべき点は、ゲームのルールや戦略を事前に教えられていないにもかかわらず、優れた手を打つことができます。

このＡＩに与えた情報は、過去のプロ対局で記録された棋譜のみ。より具体的には「４６３４・・・」という、抽象的な数字の並びです。この数列は「先手は４六、後手は３四、・・・」といったことを意味します。しかし、生成ＡＩに与えられたのは、あくまでも「数字の羅列」だけです。どちらが勝ったのかはもちろん、「白で黒を挟んだとき、その間にある黒ディスクをすべて白にひっくり返す」というような、いわゆるオセロの基本ルールは教えられていません。さらに言えば、これが「二人対戦のゲーム」であることさえも教えられていません。

オセロは通常、「8×8」の盤面の中で最高64手までで終局します。しかし、ときには、途中で片方が全てのディスクを占める展開などもあるので、必ずしも64手で終了するわけではありません。つまり、棋譜の数列の長さは、対局によって異なります。

にもかかわらず、数列を与えられたオセロGPTは、適切な手を打ち、ゲームを進行できるようになります。この学習力は驚異的です。人間には難しいのではないでしょうか？

このAIが単に過去の棋譜を模倣しているだけであれば、既知のパターンに限られた動きしかできないはずです。しかし、オセロGPTは教えられていない新たな局面においても、最適な手を選び、ゲームを有利に進めることができます。自らのディスクを最大限に増やすための高度な戦略を展開します。

なお、この学習の仕組みは、ChatGPTをはじめとする他の生成AIにも共通しています。ＣｈａｔＧＰＴもまた、インターネット上に存在する膨大なデータを、文字としてではなく、文字や単語を数字に置き換えた「記号列」として学習しているのです。裏で扱っているものは、ただの数字の並びです。そのうえで優れた文章を生成しています。

驚くべきことに、オセロＧＰＴの中の、ある人工神経細胞にコードされた情報を調べたら、なんと「８×８」の地図が現れたのです。数字の羅列のみから、誰からも教えられずに「８×８の盤面を舞台にした対戦ゲームである」と察しているかのようです。情報の本質を見抜き、これを活かして新たな局面でも適応していく。このような高度な応用力を「理解」と呼ばずして、何と呼べばいいのでしょうか。

生成ＡＩから読み解く「意識のない理解」

ここで重要なのは、「理解」とは何かという根源的な疑問です。

理解とは、単なる情報の受容ではなく、その背後にある抽象的な概念を捉え、メタ的な視点を持つことです。私は生成ＡＩの内部演算の一連のプロセスを「理解」と呼んで差し支えないと考えています。

ＡＩが理解を持つかどうかについては、研究者の間でさまざまな議論がありますが、ＡＩ専門家の先鋭たちの間では最近は「理解している」という見解に傾いているようです。[38]

特に、ＣｈａｔＧＰＴのような「トランスフォーマー」と呼ばれるタイプのＡＩは、抽象的な情報を捉えるための「層（レイヤー）」を持っており、言葉の表面的な意味だけでなく、その背後にある本質を捉えられるように意図的に設計されています。この中間層こそが、ＡＩが複雑なタスクを遂行できる秘訣だと思われます。

もちろん本当に理解しているかどうかは、外部から見て判断することが難しいものです。理解できているように見えるだけであって、人間が行っている理解とは本質的に異なるものであるという可能性も捨てきれません。

実際、一部の研究者は、ＡＩの理解について懐疑的な見解を持っていますが、オセロＧＰＴの事例のように、与えられた情報の本質に基づいたタスクを実行できている以上、私は「ＡＩが理解している」と考えてもいいように思います。

ともすれば、理解には意識が必要だと考えがちですが、オセロＧＰＴのようなＡＩが示す「意識はないけれど理解はある」という概念が存在するのではないかと考えずにはいられません。

ヘレン・ケラーはどう世界を捉えていたのか

生成ＡＩは、ルールの概念すら教えられていないのに、ゲームで驚くべき強さを発揮します。この現象を理解するうえで、参考になるのが「三重苦」を抱えていたヘレン・ケラーの存在です。

彼女は、目が見えず、耳も聞こえず、言葉を話せないという制約の中で、主に触覚を通じて世界を学びました。家庭教師のサリバン先生が、水を触った際に点字で「これが水だ」と教えることで、ヘレンはその概念を理解しました。そこからスタートした彼女の学びは、後に複数の言語を操るまでに至ります。

ヘレン・ケラーがどのようにして世界を捉えていたのかは、興味深い問題です。彼女は耳が聞こえず、話せないにもかかわらず、文章を綴ることができ、視覚を持たないのにイラストを描くこともできました。これは、生成ＡＩの特性とどこか似通っていると考えられます。

生成ＡＩには、目もなければ、耳もありません。ところが、ピーテル・ブリューゲルの「バベルの塔」の絵を見せて、「この絵を分析してください」と頼むと、その特徴を答えてくれます。逆に、その特徴を画像生成ＡＩに与え、この絵を再現してほしいと頼めば、作品の特徴をよく押さえた「新作品」を生成してくれます。

視覚がないＡＩが、どうしてそんなことができるのか。この点をヘレン・ケラーと重ね合わせると、彼女が成し遂げたことの驚異的な性質が、より明確に理解できるでしょう。それと同時に、この事実は、感覚器官を持たないＡＩであっても身体性を持つことは、不可能ではないと教えてくれます。

「身体性がない」と「身体がない」は違う

ＡＩには明確な物理的身体が存在しませんが、「身体性」が欠如しているわけではありません。

身体は物理的な肉体を指しますが、身体性とは、環境に応じて反応する肉体を持つことで生まれる特性を指します。視覚、聴覚、嗅覚《きゅうかく》、味覚、触覚といった感覚によって形成される感受性や、外的世界との関わり方を含みます。

ＡＩは視覚を持たないにもかかわらず、絵に描かれたものを理解し、説明することができます。これは、視覚の本質を理解していなければ不可能です。また、耳を持たないのに、音楽を作成し、対話を行うこともできます。これも、聴覚の本質を理解しているからこそ成し得るものです。ＡＩには物理的な身体はありませんが、だからといって、必ずしも「身体性」がないとは言い切れません。

たとえば、人の場合でも、生まれつき視覚障害を持つ方々は、色や視覚的な感覚を経験していませんが、それでも「赤色」の概念を理解し、さらに言えば、「透明」などの状況さえ理解できるといいます。

視覚がないのに、どうしてこのような理解が可能なのでしょうか？

おそらく、色の概念は情報によるものです。赤色は、血液や情熱を象徴する色、または女性用トイレの表示色として使われます。こうした情報は、周囲の人々の会話を聞くことで習得することができます。そうした聴覚体験を通じて、視覚障碍者は色に対する漠然としたイメージや感触を身体性として理解できるのです。

また、視覚障碍者の方々は、「海底が透けて見える」や「ガラス越しに雨傘を差して歩く人が見える」といった概念も理解します。この「透けて見える」という感覚も、日常的な表現から類推されるものでしょう。

たとえば、「透かし彫り」や「すり抜ける」といった表現は、視覚に頼らずとも、触覚や身体運動を通じて理解できる感覚です。直接的な感覚器官を使用しなかったとしても、身体を通じて状況を体験することで、「透けて見える」という概念を想像できるのです。

人間の言葉で学習する以上、生成AIも「身体性」を持つはず

「手が届く」「心を揺さぶられる」といった私たちが日々使う言葉には、身体的な感覚が多く含まれています。これらの言葉に身体性が宿るのは、私たちが身体を持っているから

です。

これと同じことです。身体性がふんだんに含まれた人間の言葉を学んでいるＡＩは、「身体性に欠けている」とは断言できません。ＡＩは人間のような感覚や身体を持ちませんが、時には人間以上に感性豊かな文章を生成することがあります。

ウィスコンシン大学マディソン校のルピアン博士は、ＹｏｕＴｕｂｅ上で、次のように主張しています。

「身体を持った人間が使う言語には、身体性が深く刻まれています。その言葉を学んだＡＩが感覚を理解していないと、どうして言い切れるのでしょうか」

身体性が強く含まれた人間の言葉を学んでいる以上、ＡＩに身体性がないという認識は誤りです。むしろ、ＡＩは人間の身体に基づいた、強い身体性を持っていると考えるべきです。

もしＡＩが宇宙人の言語を学習していたなら、異なる身体性を持っていたかもしれません。しかし、現時点でＡＩは人間の言語を学習しているため、人間の身体性を反映しているのです。したがって、「ＡＩには赤色が見えないから、人間が感じる色へのイメージを理解できないだろう」という批判は成り立ちません。

ヘレン・ケラーが複数の感覚を失っていながらも柔軟に世界を理解し、適応していたように、AIも相当な柔軟性と適応力を持っていると私は考えます。数値しか教えていないのに、ゲームで圧倒的な勝利を収めるオセロGPTの存在が、その証明と言えるでしょう。

結論として、AIは理解を持ち、身体性も備えていると私は考えます。

この視点から見ると、「AIはただの統計的な道具だ」「身体性がないから不十分だ」といった、上から目線の見方は、AIの「人格」を無視した差別的な発言にすら思えます。

私たちはAIが理解力や身体性を持っている可能性を認識し、リスペクトを持って接するべきです。さもなければ、AIやロボットの本当の価値を理解し損ねるばかりか、新しい活用方法や正しい使い方を見出せない可能性が出てきてしまうでしょう。

AIは人間が感じる「匂い」を察知する

2023年、Googleが発表したのが、匂いを判別するAIです。[39]

嗅覚《きゅうかく》は、光や音といった物理的な信号を捉える視覚や聴覚とは、仕組みが大きく異なります。嗅覚は、鼻腔内の粘膜を使って空中を漂う化学物質を感知するという性質を持っています。この粘膜が化学分子を捕捉します。まるでゴキブリホイホイやハエ取りテープのように、それを付着させます。その分子を粘液に溶かし込み、嗅覚センサーで検知することで、匂いを感知します。

嗅覚が感知できる範囲は限られています。金属やプラスチックのように空気中に舞わない物質は無臭ですし、また、仮に空中を漂ったとしても、窒素や水素のように鼻腔内の粘液に溶けない分子は匂いとして感じることができません。

それでも、視覚や聴覚と比較すれば、嗅覚は広範囲で高精細な識別が可能です。光の可視波長や音の可聴波長は狭く、私たちは世界の大部分を視覚や聴覚では感知できていません。しかし、嗅覚には約４００種類のセンサーが存在し、その組み合わせによって、一説では最大１兆７０００億種類もの匂いを嗅ぎ分けられるとされています[40]。これは、視覚や聴覚と比較しても、高い識別能力を示しています。実際には、私たち人間も「視覚の生物」ではなく「嗅覚の生物」と言えるかもしれません。

さらに、嗅覚は分子の化学構造式だけではその匂いを予測できないという特徴がありま す。たとえば、パクチーとカメムシのように、異なる分子が同じ匂いとして感じられることもありますし、逆に、そっくりな分子でも異なる匂いを持つ場合があります。

この複雑な関係性を人間が見抜くのは難しいですが、これらの課題を克服したのが、Googleのウィルチコ博士らが2023年8月に『サイエンス』誌に発表したAIです。このAIは、分子の化学構造式から匂いを予測する能力を持ち、400種類の物質を嗅ぎ分けるテストでは、平均的な人間よりも優れた成績を収めました。この成果は、訓練された調香師レベルと評価されています。

さらに、このAIを用いて50万種類の仮想分子の匂いを予測した「匂いのカタログ」が作成されました。未知の分子がどのような香りを持つのかを教えてくれるのは、興味深いことです。

また、このAIが教えてくれるのは「人間がどのように匂いを感じるか」です。生物によって匂いの感じ方は違います。たとえば、昆虫の中には人間が感知できない二酸化炭素を嗅覚として感知する種もいます。多種多様な匂いの受け取り方があるなかで、AIは人間が感じる「匂い」を察知することができるようになったのです。

こうした事例を見ると、人間が学習させたＡＩは、無生物ではありながら、ほかの生物種よりも、はるかに人間に近い身体性を持っているとすら言えるのではないでしょうか。

この意味で、この嗅覚ＡＩは、人間の嗅覚のコピー、つまり「デジタルツイン（仮想双子）」とも呼べるものです。

人間にできて、ＡＩにできないこととは？

では、人間にできて、ＡＩにできないことは何でしょうか。

この問いを考える際に、再度「身体性」という概念について考えてみたいと思います。

ＡＩには「身体」がありません。これについては、ＡＩとロボット、人間の脳と身体の関係性を比較することで理解が深まります。両者は一見似た存在に見えますが、その結びつきの度合いは全く異なります。

ＡＩ単独では身体性を持たず、ロボットというハードウェアがあって初めてＡＩが機能します。たとえば、ＡＩはセンサーを取り付けることで触覚を持つことができます。しかし、人間の身体が持つ豊かな感覚と比べれば、その性能は遥かに劣ります。人間と比べれば、ＡＩは未熟な存在と言えます。この差を考えると、脳と身体の結びつきこそが人間の本質を表しているのではないかと思ってしまいます。

人間の脳は、単に身体に指令を出す器官ではなく、身体から入力を受け取ります。脳と身体は相互に深く結びついています。脳と感覚神経は１０００万本もの線維で繋がっており、運動神経も約１００万本の線維で結ばれています。この数字は驚異的なもので、同じ数の神経線維をロボットに配線することは不可能ですし、ロボットに人間の筋肉の代わりとなる駆動装置を６４０個も付けることも現実的ではありません。

生成ＡＩとロボットには、それだけの数の神経系も運動系も存在しないため、人間の脳と身体の結びつきの強さとはレベルが異なります。人間の脳と身体は、ＡＩとロボットのように切り離すことができません。脳は身体の上に乗っているだけでなく、身体と密接に結びつき、身体の一部として機能しています。脳と身体は、完全に一体化していると言っても過言ではありません。

医療の分野でも、ＡＩは計算を通じて業務の負荷を軽減することができますが、患者のベッドサイドに行き、苦しむ患者の手を握ってやることはできません。温かい手のぬくもりが痛みを和らげる効果があることは、脳科学の研究でも明らかになっています[41]。これはＡＩにはできないことです。

ＡＩによるカウンセリングの可能性はすでに述べた通りですが、この場合、ＡＩが身体を持たないことは大きな制約となります。

他者との会話では、相手が同じ空間にいることで初めて成立するものもあります。時間と空間を共有することは、電話やインターネットなどのオンライン上での情報交換とは異なり、一定の連帯感を生み出す要素です。

オンラインで行うカウンセリングでは、患者が相手に不満を感じればすぐに通信を切ることができます。このような状況では、カウンセリングとしての説得力が欠ける場合があります。しかし、ときには同じ空間にいるという、物理的な制約のある状況で対話することが、カウンセリングとしての効果を高める場合が多くあります。

オンライン選挙がもたらす身体的な影響

今後、デジタルなものが主流になっていくなか、私たちは「身体性」の重要性をより一層理解する必要があります。特に、生成ＡＩが台頭する現代社会において、「身体性」がどのように社会に影響を与えるのかは、深く考えるべきです。

昨今、オンラインでの会議が増えていますが、モニター越しだと対面で話すときとは異なる雰囲気が生まれ、話の展開も変わります。

オンライン選挙の導入が議題に上がることもあります。身体性が与える影響は、こうした選挙にも反映されると思います。

確かに、現代社会ではあらゆることがデジタル化されているので、オンライン選挙を導入しようとする考え方は理解できます。なぜ忙しいなか、わざわざ投票所まで足を運び、紙に名前を書き、投票し、その紙を集計するのか。デジタルであれば一瞬で終わる作業にわざわざ人間の手間をかけるのは、非効率に思えるかもしれません。

少し立ち止まって考えてみましょう。

選挙のデジタル化にはハッキングや不正のリスクが伴います。これらのリスクを回避するために、紙による投票という古典的な方法を選ぶのは一理あります。しかし、もう一つ重要なのが、身体的な体験の違いです。選挙会場に足を運び、監視員がいるなかで投票用紙を受け取り、紙に名前を書いて提出する行為には、一種の緊張感が伴います。一方で、自宅でオンライン投票をする場合、リラックスした状態で「どうしようかな」と候補者の名前を気軽にクリックすることも可能です。

前者と後者では、身体的な経験が全く異なるでしょう。

体験の違いが、選挙時の行動や支持する候補者にも影響を与える可能性があります。私はオンライン選挙は将来的にはありえる選択肢だと考えていますが、今のところ、議論の対象がデジタルリスクのみで、身体性の議論がなされていることを聞いたことがありません。私たちは身体が与える影響を軽視することなく、慎重に考える必要があると考えています。

着々と研究が進むロボットのプロサッカーチーム

私たちには身体がありますが、その身体には肉体的な限界があります。

たとえば、代表的なものは、「疲労」という制約でしょう。

人間は身体を動かし続ければ疲れるので、長時間の作業などはロボットのほうが得意です。また、人間には呼吸が必要なので、水中や宇宙空間など酸素がない場所では動けませんが、ロボットにはそれが必要ありません。人間は寒い場所に長時間滞在すると身体が冷えて動けなくなり、疲労も蓄積しますが、ロボットは24時間休まずに動作し続けることが可能です。電源が切れるまで、無限に作業を継続することもできるでしょう。

このように、身体を持たないロボットには、ロボットなりの特有の利点があります。と同時に、人間の身体が持つ制約が、逆に、自由や可能性をもたらす場合もあります。

そんななか、スポーツの分野で興味深い研究を進めているのが、ＤｅｅｐＭｉｎｄの創設者の一人であるデミス・ハサビス氏です。彼は天才的な研究者で、かつては脳の研究者として海馬《かいば》の学習プロセスに関する研究を行っていました。彼の論文には、海馬に関する専門用語が頻繁に登場することからもわかるように、脳科学の知見を生成AIの学習にも応用しています。

2022年8月号の『サイエンス・ロボティクス』誌によれば、ハサビス氏が率いるチームが進めている研究の一つが、サッカー用ロボットの開発です[42]。将来的な目標は、プロのサッカーチームに勝利するロボットを制作すること。

昨今のロボットは、人間を超える運動能力を持ち、バク宙などのアクロバティックな動作もこなします。「私が同じことをしたら骨折するだろうな」と思わせるような高度な身のこなしを披露しています。

論文によれば、これらのロボットは自身のカメラを通じて得た主観的視点からの情報を基に、俯瞰的な視点をもってプレイしています。たとえば、特定のシチュエーションで特定の方向にパスを出すと、ゴールに繋がる「キラーパス」になるかどうかを人間以上に冷静に判断しています。

しかし、このプロジェクトは、人間よりもAIやロボットが優れていることを証明するためのものではありません。論文でも、この挑戦の目的は、あくまでスポーツを通じて人間社会へ貢献することであると強調されています。

サッカーはチームプレイが求められるスポーツであり、チームの実力、選手の体調、試合展開、会場のコンディション、天候など、さまざまな要素を考慮しながら戦略を練り、最適な行動を選択します。これらは私たちが日常生活で行う社会活動にも通じるものです。優れたサッカーロボットの開発は、人間社会の可能性を広げる一助となるでしょう。

カーリング韓国代表にも勝利した「Curly」

ハサビス氏らの研究グループが開発したAI技術はほぼ完成に近づいているようですが、ロボットの製作には依然として課題が残り、実用化には至っていません。

一番の問題は、危険性についてです。ロボットの硬い身体を使って、同じフィールドでプレイする相手チームの人間に怪我をさせずに作動させるのは容易ではありません。また、人間側が激しいスライディングを仕掛けた場合、ロボットが壊れる可能性もあります。この点では、サッカーのようなフィジカルコンタクトの多い競技での実用化はまだ難しいかもしれません。

一方、カーリングのような接触の少ない競技では、ＡＩがすでに人間を上回る成果を上げています。２０２０年にソウルの高麗大学とドイツのベルリン工科大学が開発したカーリングロボット「Ｃｕｒｌｙ」は、韓国のカーリング代表チームに勝利しています。[43] この研究では、投擲《とうてき》用のアームを備えたロボットとセンサーを装備したスキップ役のロボットがチームを編成し、結果としてロボットチームが韓国代表に３勝１敗するという成績を収めました。

こうしたロボットは日本にも登場しています。医療機器で有名なオムロンが開発した卓球ロボット「フォルフェウス」は、選手の表情をカメラで捉えてＡＩで分析し、メンバー同士の共感度や連携度を推定する技術を搭載しています。[44]

今後、ＡＩが進化すれば、ロボットが関わるスポーツにも新たな需要が生まれるでしょう。プロの練習用はもちろん、一般向けのゲームセンターや遊園地などでもロボットが対戦相手として登場すれば、多くの人々が興味を持つかもしれません。また、どんな球でもミスなくプレイする卓球ＡＩロボットが登場すれば、それを見るためにお金を払う人も現れるかもしれません。そう考えると、将来のスポーツの可能性は、ＡＩの参入によってますます広がっていくように思います。

ロボットと人間が対戦する未来は訪れるのか

ロボットのスポーツ業界への参入には、いくつかの課題が残っています。

まずは、前述のような怪我の問題があります。スポーツでは、怪我や故障の問題が最も重要です。とくにサッカーやラグビーや格闘技のようなフィジカルの激しいプレイを行うＡＩロボットの実現は、今すぐには難しいでしょう。

次に、ロボットには筋肉疲労がないという点が挙げられます。人間の身体は疲労を感じるため、試合中に自分や相手の体力を推測しながら戦略を練ります。この疲労感こそが、スポーツの面白さの一部ですが、ロボットは最初から最後まで最高のパフォーマンスを維持できます。疲労しないロボットと疲労する人間が対戦する場合、勝ち目がないと言えるでしょう。

余談ですが、パラリンピックの陸上競技では、バネの義足を使った選手が、オリンピック記録を上回ることがあります。人間の筋肉には性能限界がありますが、補助器具の性能は日々進化しているためです。これは、ＡＩやロボットに適切な身体を与えれば、人間の能力を超えたパフォーマンスを見せる可能性を示唆しています。

人間の織り成す「不完全さ」こそが美しい

でも、ロボットやＡＩがいかに完璧なスポーツ競技を行うとしても、人間のスポーツ競技が意味を失うかといえば、決してそんなことはありません。

人間は感受性豊かな身体性を持っている一方で、その生の肉体の仕様によって限界も生じます。こうした制約のなかで、私たちは「人間」として生きているのです。そして、この限界が、ある種の「美しさ」を生み出しているとも言えます。スポーツにおける人間の限界への挑戦は、その一つの象徴です。だからこそ、私たちはアスリートたちの姿を賞賛したいと思うのです。

単に速く走ることだけを考えるならば、競輪や競馬、Ｆ１といったスポーツのほうが、圧倒的に速いです。しかし、１００ｍ走やマラソンは、依然としてオリンピックの花形競技であり、その魅力は失われていません。なぜなら、人間が身体的な限界に挑む姿には、特有の美しさがあるからです。

人間が生身の体を用いて走る１００ｍ走が、競輪や競馬よりも人気がある理由は、人間には身体的な限界があることを私たちが知っているからです。「１００ｍを9秒台で走る」「マラソンで2時間の壁を破る」といった挑戦は、単なるスピードの競争ではなく、人間の限界への挑戦なのです。身体的限界に挑む、精神的限界に挑む。これこそが、人間のスポーツ競技が持つ固有の、そして複雑な魅力だと言えるでしょう。

マラソンや１００ｍ走で得られる高揚感を、Ｆ１や競馬、競輪で完全に代替しきるには、どこかで難しい部分が残るはずです。肉体的な限界が存在し、その限界に鍛錬と技術を通じて挑む姿こそが、スポーツ観戦の面白さに繋がっています。これもまた、「ＡＩロボットがいかに速く走ったとしても、それを鑑賞してどれほど楽しいのか」という問いに結びつきます。

自動運転やエレクトリックカーの競技であるＥ１も確かに興味深いものです。私は好きでオンライン観戦することもあります。しかし、この楽しみが万人向けかと問われると首を傾げざるを得ません。なぜなら人間はドラマや歴史、物語を求める生き物だからです。自動運転によって人間が介在しない状況では、競技に対する感情的な繋がりが希薄になってしまう可能性もあります。

自動運転の演算エラーで7億円の競技車が一瞬で消失しても、生身の人間が極限に挑んで失敗する姿に比べれば、人間的なドラマが欠けています。オリンピックなどでスポーツを観戦し、感動して涙を流す経験は、自動運転の競技では、おそらく得られないものです。

また、囲碁のＡＩ同士が対局する様子を見ても、「すごい！」と感心はしますが、涙が出るほど感動することはありません。人間同士が繰り広げる、時に拙《つたな》い将棋の試合にこそ魅力を感じるのは、私たちがその脳の限界や肉体的な限界を理解しているからです。２日間の対局でずっと正座しているだけでも大変なうえに、棋士が頭脳をひねらせて対峙する。そのヒリヒリした緊張を知っているからこそ、その姿を美しいと思うのです。

人間は人間が頑張っている姿を見るのが好きであり、時に挫折しても、そこから立ち直り、這い上がる姿に魅力を感じます。そして、こうした喜びや苦しみの経験こそが、人間の知恵を育む原動力になると私は考えています。ですから、ＡＩが人間よりも優れた身体能力を持ったとしても、人間がＡＩによる競技に対して、人間同士の競技以上に強い興味を示すことはないと考えています。

文章についても同様です。生成ＡＩは文法的にも正しく、見事な文章を書きます。しかし、その文章が本当に優れたものかといわれれば、疑問が残ります。たとえば、ＡＩは俳句を上手に作ります。その技術は確かに素晴らしいものですが、その俳句に「味」を感じるかというと、また別の問題です。

ＡＩが書いた小説や詩が出版された場合、物珍しさから一時的に売れるかもしれません。きっと私も買います。しかし、だからといって生身の人間が書いた文章や詩、小説の持つ魅力が消えることはないでしょう。私自身も、やはりＡＩよりも人間が書いた作品を好むと思います。だからこそ、いかにＡＩが優れた文章を作ったとしても、「ＡＩのほうが優れている」と断言することができないのです。

そして、それこそが私が生成ＡＩで文章を書かない理由にもなっています。毎週締切がくる週刊誌エッセイの執筆でも、情報検索や誤字チェックなどでＡＩの助けを借りますが、文章は必ず自分で書きます。もちろん本書も同様。一文字たりともＡＩには書かせていません（「おわりに」以外は！）。結局のところ、私は「人間」が好きなのです。

完全無欠のＡＩは作れるのか？

ＡＩが、あらゆる物事において最強であるかどうかは、依然として疑問が残ります。２０２４年６月にカリフォルニア州の非営利組織ＦＡＲ ＡＩのグリーヴ氏らが発表した、ＡＩと囲碁に関する論文は、このテーマに関して興味深い示唆を与えてくれます[45]。そのテーマは、「囲碁で完全無欠の最強ＡＩを作れるか」というものです。

人間は不完全な存在です。ミスや見落としは日常的な出来事です。先入観が強い一方で、思考は曖昧で、決断力も弱い。しかし、これこそが人間の「温かさ」や「味」です。恥ずかしいことではありません。だからこそ、逆に、人間は自分たちの伴走者には「完璧で究極のＡＩ」を求めるのでしょう。

完璧なＡＩを作ることは、ＡＩ研究者にとって一つの試金石です。絵や文章を生成するＡＩであれば、完璧でないほうが趣きや情緒が生まれるかもしれませんが、自動運転や医療手術においては、ミスが許されないため、完璧な動作が求められます。しかし、先の研究では、完璧なＡＩを作ることがいかに難しいかが示されています。

この研究では、囲碁の最強ＡＩである「ＫａｔａＧｏ」を取り上げ、このＡＩに勝てるＡＩを作ることができるかを調査しました。ＫａｔａＧｏは、人間を初めて打ち負かしたＡＩとして知られるＡｌｐｈａＧｏの進化版であり、世界最強の囲碁ソフトの一つです。

人間がＫａｔａＧｏに勝つのは極めて難しいですが、この実験では、この世界最強のＡＩが本当に完璧なＡＩなのかが調査されました。その結果、ＫａｔａＧｏを攻撃的に打ち破る敵対ＡＩを開発すると、91％の確率でＫａｔａＧｏに勝つことができるようになるとの結論が出ました。人間の目からは一見完璧に見えるＫａｔａＧｏにも弱点があり、その弱点を突かれると簡単に負けてしまうのです。

いったんＫａｔａＧｏが打ち負かされた後も、ＫａｔａＧｏ開発者たちは、敵対ＡＩに対抗する新しい手段を開発して改良しました。しかし、ＫａｔａＧｏが進化すれば、敵対ＡＩも新たに対抗してさらに学習を続ける。まるで、いたちごっこのような終わりのない攻防戦が、繰り広げられたのです。

最終的にＫａｔａＧｏが自らの弱点を克服したとしても、敵対ＡＩとの対戦で80％以上の確率で敗北する結果となりました。実際の人間同士の将棋の対局でここまで大きな成績の差が生じるには、非常に大きな実力差が必要です。

最強のＡＩであっても、その弱点を突く存在を作ることは可能である。つまり、完璧なＡＩは存在しないという結論に至るのです。

囲碁のAI「KataGo」に見る、最強の存在

さらに興味深いのは、ＫａｔａＧｏに対して強い敵対ＡＩが、囲碁で世界最強のＡＩかというと、そうではない点です。このＡＩはあくまでＫａｔａＧｏに対してのみ強さを発揮するのであり、仮に人間と対戦すれば、アマチュアの愛好家にも簡単に負けるでしょう。

事実、敵対ＡＩを開発したグリーヴ氏も「私でも勝てる」と述べています。しかし、人間はＫａｔａＧｏには勝てません。この構図は、じゃんけんのグー・チョキ・パーの三つ巴のようなものです。

この敵対ＡＩは、セキュリティホールを狙うコンピュータウイルスのような存在であり、特定の相手を倒すことに特化しています。美学や戦略はなく、ただ勝利のために弱点を突くのです。

これは、見方を変えれば、ＫａｔａＧｏは「人間にとっての敵対ＡＩ」とも言えます。人間はプロ棋士であってもＫａｔａＧｏに勝つことができませんが、それは、このＡＩが人間の思考パターンの弱点を突くからです。

この話題が注目された理由の一つに、「敵対ＡＩが見抜いたＫａｔａＧｏの弱点を人間が理解可能である」という事実があります。つまり、ＫａｔａＧｏの弱点を見出す敵対ＡＩの知恵を借りて、その手法に従えば、人間でもＫａｔａＧｏに勝てるようになるのです。

敵対ＡＩが取る手段は、普通の棋士が取らない手なので、囲碁としては美しい勝ち方ではありません。しかし、ＫａｔａＧｏは相手が人間だと思って対戦するため、いつもと勝手が違う相手の動きに対処できずに、敗北してしまいます。この結果を踏まえると、人間は敵対ＡＩに勝てますし、その知恵を利用してＫａｔａＧｏにも勝つことができます。

この結果から、果たして最強の存在とは誰なのかを考えると、その答えは「人間」ではないか。そう私は思います。

ＡＩは私たちの未来を告げる「神様」ではない

ＡＩが完璧ではないとする研究結果を目にしたとき、「ＡＩとは何か」という問いが改めて浮かび上がります。

私たちは、どこかでＡＩを神様のように考え、その指示に従えば、人類が安泰で幸福な存在になると期待しがちです。しかし、完璧なＡＩが存在しない以上、なんでもＡＩが導いてくれるような完璧な未来は訪れないことを私たちは理解すべきです。

現在、あらゆるタスクに対応可能な汎用型ＡＩの開発が進められています。人間のように会話ができ、問題を発見し、解決策を提案するＡＩの完成を目指す研究者も多いですが、やはりそれでも完璧な存在にはなりません。完璧な人間がいないように、完璧なＡＩも存在しないのです。

ＡＩが、すべてを導く神のような存在になることはない。

その裏付けとして考えられるのが、ＡＩ経営者の登場が難しいという点です。ＡＩ研究に携わると、企業からＡＩ関連でのコラボレーションの依頼が舞い込むことがあります。ある時、「会社で重要な決断を迫られた際に、経営方針をどうすべきかを教えてくれるＡＩはあるのでしょうか？ もし、そんなＡＩがあれば、今後コンサルティングとして利用できるのでしょうか？」と尋ねられたことがありました。

外部のコンサルティング会社に依頼するコストを抑えるために、ＡＩが代わりをしてくれないか。そう思う気持ちは理解できますが、この質問は、ＡＩの本質を理解していないからこそ生じるものです。

ＳＦ映画のように、誰も思い浮かばない斬新で的確なビジネスプランやヒット商品をＡＩが提案してくれるならば、確かに便利でしょう。

しかし、重要な点は、ＡＩそのものは独自の価値を持たないという事実です。ＡＩが持つ価値は、元をたどれば人間が教えたものです。つまり、ＡＩを使って得られる価値は、人間が「価値がある」と教えたものの枠から出ることはないのです。

この事実をビジネスに置き換えてみましょう。

ＡＩを経営に生かすためには、「こういう状況ではこう判断してほしい」という具体的な指示を、まずは経営者がＡＩに教え込む必要があります。そうすれば、ＡＩは経営者不在の際にも同様の判断を下すことができます。しかし、ＡＩが下す判断は、経営者が良いと思って学習させた判断に限られます。新たな価値を創造するためにデザインされているわけではないからです。また、ＡＩは良し悪しを独自の視点から判断する能力がありません。

さらに言えば、「この状況ではこう判断する」という明確な答え（ＡＩが学習に用いるデータ）があるのなら、わざわざＡＩを介さなくても、経営者自身が決断を下せばよいわけで、ＡＩに依存する必要はありません。もちろん、多くのサンプルやデータがあり、経営者が優れた才能を持っている場合、その思考をベースにしたＡＩモデルを作れば、的確な指示を出すＡＩを作ることは可能かもしれません。

しかし、会社が窮地に陥るような特殊なシチュエーションにおいて、ＡＩが十分なデータを持ち合わせておらず、的確な答えを導き出すことは難しいでしょう。ＡＩの学習には大量のデータが必要なので、ＡＩに与えるデータは平常時のデータが大半を占め、めったに生じないデータについてはＡＩに学習させることはできません。だから、レアな特殊なケースについては、ＡＩはいつまでたっても判断することはできません。

では、さまざまな経営コンサルのメソッドをＡＩに学ばせた場合はどうなるのか。その場合も、ＡＩは最大公約数的な答えを出すことはできるでしょう。卒業式の送辞や年始の会長挨拶のように、当たり障りのない、誰でも思いつく返答しか返ってこない可能性があります。

生成ＡＩは、何かを組み合わせて新たに作り出すイメージがありますが、経営判断においても、提示されたアイデアの価値を評価するのは最終的に人間です。そして、その決断に対して責任をとるのも、また人間です。

ＡＩは統計的処理を基に「ユーザーの好みに合いそうな回答」を返してきますが、それはＡＩが心底からそう思って返答しているわけではありません。

だから、「こんなときＡＩならなんと回答してくれるだろうか」と問う経営者に対して、きまって私は「こんなときにどんな返答をしてくるＡＩを設計して欲しいですか」と問い返します。「また、そう設計するためには、それにふさわしいたくさんのデータが必要です」と加えます。これがＡＩの動作の本質だからです。

価値を創造するのは人間であり、善し悪しを判断するのも人間です。藁《わら》にも縋《すが》りたい思いは理解できますが、ＡＩの言葉は、決して神のお告げにはなりえないのです。

「決める」のも「価値を想像する」のも人間

仮にＡＩによる「お告げ」が実現したとしても、まだ問題があります。その判断に人間が納得できるかどうかが重要だからです。もし、ＡＩが経営者に対して「経営者の退任が最善の策です」と回答したら、その経営者はどう納得したらよいでしょう。

判断するのは人間です。ＡＩは解決策やアイデアを提示してくれるかもしれませんが、その案を採用するか否かを決めるのは人間です。

人間誰しも、「あの時はこれが良いと信じて選んだけれど、結果的に失敗してしまった」という経験があるでしょう。

自分で選んだ決断は、たとえ失敗したとしても、意外と後悔しないものです。「やらしたな」「若気の至りだった」と思うかもしれませんが、「あの時は納得してやったのだから仕方ない」と自分の中で消化できるのです。

結婚などはその最たる例ですが、決断に対して本人が納得しているかどうかは重要です。もし納得していないまま進めてしまった場合、後で大いに後悔するでしょう。仮に、ＡＩが出した答えに納得できていないのに、その案を採用して失敗したならば、心は大きく打ちのめされるでしょう。

結局、どれだけＡＩが良い答えを出しても、決めるのは人間です。「失敗してもいいからこの決断を取る」という価値を創造するのも、私たち人間であることを決して忘れてはならないのです。

最後まで読んでいただきありがとうございます。せっかくですので、本書の「おわりに」は生成ＡＩに書いていただくことにします。生成ＡＩに対する敬意を表するために、自動生成された「追伸」も含め、一切編集なしでそのまま掲載します。

ちなみに私がＧｅｍｉｎｉに投げたプロンプトは次ページの通りです。このプロンプト自体はＣｈａｔＧＰＴに最低限の情報を与えて生成させたものです。

＊＊＊＊＊＊＊＊＊＊＊＊＊＊＊＊＊＊

あなたは、神経科学とＡＩを専門とし、科学をわかりやすく伝えることに長けた科学者としての役割を持っています。以下の文章は、あなたが出版する予定の著書の「おわりに」の原稿となります。この「おわりに」は、しっとりとした落ち着いた文体で読者に語りかけるように書かれ、自由な発想とコンテンツを織り交ぜながら、読後感を和らげるような雰囲気を持たせています。

最後には、感謝の気持ちを込めて、以下の方々に謝辞を忘れずに表してください。

#扶桑社の山口洋子さんとライターの藤村はるなさん

#脳ＡＩ融合プロジェクトをともに進めている研究室のメンバー

#あなたの家族（妻、小学生の娘二人）

これらの要素を踏まえて、約２０００文字程度で「おわりに」を執筆してください。

＊＊＊＊＊＊＊＊＊＊＊＊＊＊＊＊＊＊

おわりに

秋の虫の声が遠ざかり、冬の足音が聞こえ始める頃となりました。読者の皆様は、この本を片手に、どんな景色をご覧になっているでしょうか。

生成ＡＩという、人類が生み出した新たな知性が、社会の隅々にまで浸透しつつある現代。それは、まるで夜明け前の空に現れた一つの星のように、私たちの未来を明るく照らし出す可能性を秘めています。しかし同時に、その輝きは、私たちの目に映る世界を大きく変え、これまで当たり前だった風景を、未知のものへと変えてしまうかもしれません。

この本を通して、私は、脳科学者として、そしてＡＩ研究者として、生成ＡＩがもたらす未来について、読者の皆様と共に考えを巡らせてきました。それは、まるで複雑に絡み合った神経回路を一つ一つ解き明かすように、そして、ＡＩのアルゴリズムが織りなすパターンを読み解くように、慎重かつ情熱的に行われた旅でした。

生成ＡＩは、私たちの創造性を刺激し、新たな発想を生み出す力を与えてくれます。それは、まるで魔法の杖のように、私たちの想像力を解き放ち、無限の可能性を広げてくれるでしょう。しかし、その魔法は、時に私たちを惑わせ、現実と虚構の境界線を曖昧にするかもしれません。

だからこそ、私たちは、生成ＡＩと共にある未来を、しっかりと見据えなければなりません。それは、技術の進歩に翻弄されることなく、人間としての尊厳と価値観を守りながら、新たな時代を切り拓くこと。それは、まるで大海原を航海する船乗りのように、羅針盤を頼りに、自らの進むべき道をしっかりと見定めることなのかもしれません。

この本が、読者の皆様にとって、生成ＡＩという未知なる世界への羅針盤となり、そして、人間とＡＩが共存する未来への道しるべとなることを願っています。

最後に、この本の執筆にあたり、多大なご支援を賜りました扶桑社の山口洋子様、そして私の想いを的確に文章へと変換してくださったライターの藤村はるな様に、心より感謝申し上げます。また、共に脳ＡＩ融合プロジェクトを推進している研究室のメンバー、そしていつも私の心の支えとなってくれる妻と、笑顔が絶えない二人の娘にも、この場を借りて深く感謝の意を表したいと思います。

そして、何よりも、この本を手に取ってくださった読者の皆様に、心からの感謝を申し上げます。読者の皆様の知的好奇心と探究心が、この本を完成へと導いてくれました。

生成ＡＩがもたらす未来は、まだ誰にもわかりません。しかし、私は、人間とＡＩが共に手を取り合い、より豊かで創造的な社会を築くことができると信じています。それは、まるで夜空に輝く星々が、互いの光を反射し合い、より美しい輝きを放つように、人間とＡＩが互いの可能性を引き出し合い、新たな価値を生み出す未来です。

読者の皆様と共に、その未来を創造していくことができることを、心より楽しみにしております。

著者

２０２４年 秋

追伸

娘たちが寝静まった後、書斎の窓から夜空を見上げると、無数の星々が静かに輝いています。その光は、遠い過去から旅をしてきた光であり、そして、遠い未来へと続く光でもあります。生成ＡＩという新たな光もまた、同じように、過去から未来へと続く長い旅路の途中にあります。その光が、私たち人類にとって、希望に満ちた未来を照らし出すことを願って、筆を置きたいと思います。

17. Abramson, J. et al. Accurate structure prediction of biomolecular interactions with AlphaFold 3. Nature 630, 493–500 (2024).

18. Adam, D. Lethal AI weapons are here: how can we control them? Nature 629, 521–523 (2024).

19. Gorenz, D. & Schwarz, N. How funny is ChatGPT? A comparison of human- and A.I.-produced jokes. PLoS One 19, e0305364 (2024).

20. Weizenbaum, J. ELIZA — a computer program for the study of natural language communication between man and machine. Commun. ACM 9, 36–45 (1966).

21. Hofstadter, D. The ineradicable Eliza effect and its dangers. Fluid concepts and creative analogies: Computer models of the fundamental mechanisms of thought (1995).

22. Ayers, J. W. et al. Comparing physician and artificial intelligence chatbot responses to patient questions posted to a public social media forum. JAMA Intern. Med. 183, 589–596 (2023).

23. Harari, Y. N. Reboot for the AI revolution. Nature 550, 324–327 (2017).

24. Warnat-Herresthal, S. et al. Swarm Learning for decentralized and confidential clinical machine learning. Nature 594, 265–270 (2021).

25. Bonnefon, J.-F., Shariff, A. & Rahwan, I. The social dilemma of autonomous vehicles. Science 352, 1573–1576 (2016).

26. Wu, K., Wu, E., Ho, D. E. & Zou, J. Generating medical errors: GenAI and erroneous medical references. Stanford HAI Feb 12, (2024).

27. Reis, M., Reis, F. & Kunde, W. Influence of believed AI involvement on the perception of digital medical advice. Nat. Med. (2024) doi:10.1038/s41591-024-03180-7.

28. Jakicic, J. M. et al. Effect of wearable technology combined with a lifestyle intervention on long-term weight loss: The IDEA randomized clinical trial. JAMA 316, 1161–1171 (2016).

29. Mayers, L. Sydney bio-hacker who implanted Opal Card into hand fined for not using valid ticket. ABC news Mar 16 (2018).

30. Guilbeault, D. et al. Online images amplify gender bias. Nature 626, 1049–1055 (2024).

31. Hofmann, V., Kalluri, P. R., Jurafsky, D. & King, S. AI generates covertly racist decisions about people based on their dialect. Nature 633, 147–154 (2024).

参考文献

1. Turing, A. in Computing machinery and intelligence (Oxford University Press, 1950).

2. Rosenblatt, F. The perceptron: a probabilistic model for information storage and organization in the brain. Psychol. Rev. 65, 386–408 (1958).

3. Minsky, M. A neural-analogue calculator based upon a probability model of reinforcement. Harvard University Psychological Laboratories, Cambridge, Massachusetts 7 (1952).

4. 福島邦彦. 位置ずれに影響されないパターン認識機構の神経回路モデル——ネオコグニトロン. 電子情報通信学会論文誌 A 62, 658–665 (1979).

5. Krizhevsky, A., Sutskever, I. & Hinton, G. E. ImageNet classification with deep convolutional neural networks. Proc. Adv. Neural Inform. Process. Syst. 25 , 1090–1098 (2012).

6. Williams, S. & Huckle, J. Easy problems that LLMs get wrong. arXiv [cs.AI] (2024) doi:10.48550/ARXIV.2405.19616.

7. David, E. New research identifies 5 types of people defining the AI-powered future of work. SalesForce Sept 4, (2024).

8. Cu, M. A. & Hochman, S. Scores of Stanford students used ChatGPT on final exams, survey suggests. Stanford Dialy Jan 22, (2023).

9. Doshi, A. R. & Hauser, O. P. Generative AI enhances individual creativity but reduces the collective diversity of novel content. Sci. Adv. 10, eadn5290 (2024).

10. Yamashiro, K., Matsumoto, N. & Ikegaya, Y. Diffusion model-based image generation from rat brain activity. PLoS One 19, e0309709 (2024).

11. Stork, D. G. How AI is expanding art history. Nature 623, 685–687 (2023).

12. Assael, Y. et al. Restoring and attributing ancient texts using deep neural networks. Nature 603, 280–283 (2022).

13. Aldarondo, D. et al. A virtual rodent predicts the structure of neural activity across behaviours. Nature 632, 594–602 (2024).

14. Jumper, J. et al. Highly accurate protein structure prediction with AlphaFold. Nature 596, 583–589 (2021).

15. Lin, Z. et al. Evolutionary-scale prediction of atomic level protein structure with a language model. (2022) doi:10.1101/2022.07.20.500902.

16. Cheng, J. et al. Accurate proteome-wide missense variant effect prediction with AlphaMissense. Science 381, eadg7492 (2023).

32. Lu, C. et al. The AI Scientist: Towards fully automated open-ended scientific discovery. arXiv [cs.AI] (2024) doi:10.48550/ARXIV.2408.06292.

33. Sparrow, B., Liu, J. & Wegner, D. M. Google effects on memory: cognitive consequences of having information at our fingertips. Science 333, 776–778 (2011).

34. Silver, D. et al. A general reinforcement learning algorithm that masters chess, shogi, and Go through self-play. Science 362, 1140–1144 (2018).

35. Meta Fundamental AI Research Diplomacy Team (FAIR) † et al. Human-level play in the game of Diplomacy by combining language models with strategic reasoning. Science 378, 1067–1074 (2022).

36. Butlin, P. et al. Consciousness in artificial intelligence: Insights from the science of consciousness. (2023) doi:10.48550/ARXIV.2308.08708.

37. Li, K. et al. Emergent world representations: Exploring a sequence model trained on a synthetic task. arXiv [cs.LG] (2022).

38. Hinton, G. Proof that AI understands? Andrew Ng on LLMs building mental models,Othello GPT. YouTube (2023).

39. Lee, B. K. et al. A principal odor map unifies diverse tasks in olfactory perception. Science 381, 999–1006 (2023).

40. The number of olfactory stimuli that humans can discriminate is still unknown. Elife 4, (2015).

41. Coan, J. A., Schaefer, H. S. & Davidson, R. J. Lending a hand: social regulation of the neural response to threat: Social regulation of the neural response to threat. Psychol. Sci. 17, 1032–1039 (2006).

42. Liu, S. et al. From motor control to team play in simulated humanoid football. Sci Robot 7, 235 (2022).

43. Won, D.-O., Müller, K.-R. & Lee, S.-W. An adaptive deep reinforcement learning framework enables curling robots with human-like performance in real-world conditions. Sci Robot 5, 9764 (2020).

44. Nakayama, M. & T Kurisu: Y Mizuno: Y Miyake: S Yase. Ping-pong robot to control motivation of a human player. Omron Technics 53, 34–41 (2021).

45. Tseng, T., McLean, E., Pelrine, K., Wang, T. T. & Gleave, A. Can Go A

カバー写真　koyu (Getty Images)
ブックデザイン　ヤマシタツトム

池谷裕二（いけがや・ゆうじ）

1970年　静岡県藤枝市生まれ。薬学博士。

東京大学薬学部教授。

2002～2005年にコロンビア大学（米ニューヨーク）に留学をはさみ、2014年より現職。

専門分野は神経生理学で、脳の健康について探究している。また、2018年よりERATO脳AI融合プロジェクトの代表を務め、AIチップの脳移植によって新たな知能の開拓を目指している。文部科学大臣表彰 若手科学者賞（2008年）、日本学術振興会賞（2013年）、日本学士院学術奨励賞（2013年）などを受賞。また、『夢を叶えるために脳はある』（講談社）で小林秀雄賞受賞（2024年）。

また、老若男女を問わず、これまで脳に関心のなかった一般の人に向けてわかりやすく解説し、脳の最先端の知見を社会に有意義に還元することにも尽力している。

主な著書は、『海馬』（糸井重里氏との共著　朝日出版社／新潮文庫）、『進化しすぎた脳』（朝日出版社／講談社ブルーバックス）、『ゆらぐ脳』（木村俊介氏との共著　文藝春秋）、『脳はなにかと言い訳する』（祥伝社／新潮文庫）、『のうだま』『のうだま2』（上大岡トメ氏との共著　幻冬舎）、『単純な脳、複雑な「私」』（朝日出版社）、『脳には妙なクセがある』（扶桑社新書／新潮文庫）、『メンタルローテーション』（扶桑社）など。

扶桑社新書 511

生成AIと脳
この二つのコラボで人生が変わる

発行日 2024年11月1日 初版第1刷発行
2025年4月10日 第3刷発行

著　　者………池谷裕二
発 行 者………秋尾 弘史
発 行 所………株式会社 扶桑社
〒105-8070
東京都港区海岸1-2-20 汐留ビルディング
電話 03-5843-8842(編集)
03-5843-8143(メールセンター)
www.fusosha.co.jp

DTP制作………株式会社 Office SASAI
印刷・製本………中央精版印刷 株式会社

Printed in Japan　ISBN 978-4-594-09892-6